WiICKED WORLD CUP

First published as The Knowledge:
Wicked World Cup in the UK by Scholastic Ltd, 1998
This updated edition published in the UK by Scholastic Ltd, 2018
Text copyright © Michael Coleman, 1998, 2006, 2010, 2014, 2018
Illustrations copyright © Harry Venning, 1998
Additional illustrations copyright © Mike Phillips, 2006, 2010, 2014, 2018
All rights reserved.

Korean translation Copyright © 2019 by Gimm-Young Publishers, Inc.
Korean translation rights arranged with Scholastic Limited through EYA(Eric Yang Agency).

이 책의 한국어판 저작권은 EYA(Eric Yang Agency)를 통한 Scholastic Limited사와의 독점 계약으로 ㈜김영사에 있습니다.
저작권법에 의해 한국 내에서 보호를 받는 저작물이므로 무단전재와 무단복제를 금합니다.

앗, 이렇게 재미있는 사회·역사가!

와글와글 월드컵

마이클 콜먼 지음 | 해리 베닝·마이크 필립스 그림 | 김재영 옮김

주니어김영사

내가 가장 사랑하는 메튜에게, 감사의 마음을 담아!

차례

들어가는 말 … 7
짜릿한 월드컵이 시작되다 … 9
1930년 무적의 우루과이 … 23
머리로 이름 알리기! … 25
1934년 아무도 꺾을 수 없는 이탈리아 … 29
짜릿한 궁금증: 비토리오 포초와 변덕스러운 이탈리아 … 31
1938년 이탈리아 또다시 승리하다 … 35
본선 진출은 힘들어 … 39
1950년 놀라운 우루과이 … 45
감독 놀이 … 48
1954년 독일이 우승컵을 손에 넣다 … 54
짜릿한 궁금증: 페렌츠 푸스카스와 매직 마자르 … 58
1958년 대단한 브라질 … 64
짜릿한 궁금증: 펠레와 대단한 브라질 선수들 … 65
1962년 또다시 대단한 브라질 … 74
의료 팀 … 76
1966년 앨프의 잉글랜드 영웅들 … 81
미신이라고 생각해? … 88
1970년 열광의 브라질 … 91
짜릿한 궁금증: 잉글랜드의 두 명의 보비 … 93
1974년 영리한 독일 … 99

짜릿한 궁금증: '카이저 프란츠'와 독일 … **101**
1978년 말도 많고 탈도 많은 아르헨티나 … **105**
끔찍한 텔레비전 … **108**
1982년 기발한 이탈리아 … **116**

이상한 축하 인사! … **118**
1986년 아르헨티나 큰 손을 얻다 … **120**
짜릿한 궁금증: 디에고 마라도나와 아르헨티나 … **124**
1990년 의기양양 독일 … **135**

이상한 팬들 … **138**
1994년 용감한 브라질 … **142**
멋진 유니폼 … **147**
1998년 엄청난 프랑스 … **149**
위험한 예선 … **153**
2002년 브라질 대박! … **160**

인기 만점 마스코트 … **170**
2006년 믿어지지 않아, 이탈리아 … **174**
이상한 '무엇' 퀴즈 … **180**
2010년 빛나는 스페인 … **184**
파울의 예언 … **189**
2014년 또다시 독일 … **197**
'2014년에 처음(2014 FIRST)' 퀴즈 … **206**
2018년 이글거리는 러시아 … **210**
경기장 둘러보기 … **220**

들어가는 말

주변에 축구에 열공하는 친구가 있다면? 그 친구에게 이런 질문을 한번 해 보자.

- 러시아에서는 '심피아낫 미라 포 풋보루(Chempionat Mira Po Futbolu)'라고 하고,
- 독일에서는 '푸스발 벨트마이스터샤프트(Fussball-Weltmeisterschaft)'라고 하고,
- 프랑스에서는 '쿱 뒤 몽드(Coupe du monde)'라 하고,
- 스페인에서는 '코파 델 몬도 드 풋볼(Copa del Mundo de Fútbol)'이라고 하지.

이것은 무엇일까?

정답은 물론 월드컵 축구. 정확한 타이틀은 'FIFA 월드컵'. 4년마다 열리는 월드컵은 세계에서 가장 규모가 큰, 가장 멋지고 가장 짜릿한 축구 대회야!

4년마다 한 번 열리지만, 지역 예선전부터 결승전까지 3년이 걸리는 세계 최고 규모의 대회인 월드컵은, 세계에서 축구를 가장 잘하는 나라를 찾는 가장 멋진 대회라서 월드컵의 역사에는 다음에 나오는 짜릿한 것들이 모두 담겨 있지.

- 짜릿한 경기: 1954년 스위스 월드컵에서는 경기가 끝난 후에도 라커룸에서 경기 아닌 경기가 계속되었다.
- 재밌는 팀: '미키마우스와 도날드 덕'이라는 별명을 가진

팀도 있었다!

- 끈덕진 선수들: 1966년 영국 월드컵 때는 퇴장 명령이 내려졌으나 나가지 않고 버틴 선수도 있었다.

- 열광하는 팬들: 멕시코의 혼홍커(경적을 불며 시끄럽게 응원하는 사람들)처럼 말이지!
- 엄격한 심판들: 가끔 피도 눈물도 없는 괴물 같은 심판도 있고.

이 책에는 모든 친구들과 선생님, 엄마, 아빠를 바보로 만들 수 있는 질문들은 물론이고, 흥미진진한 사건, 짜릿한 이야기 등 여러 가지가 담겨 있다. 이제 가장 짜릿한 월드컵 업적을 기리는 뜻에서 멋진 상을 줄 것이다. 이렇게……

 '첫 번째 월드컵 트로피 보유자' 상
아벨 라플러. 트로피를 만든 사람! 높이 35cm에 무게 3.8kg인 이 트로피는 순금으로 만들어졌다. 윗부분은 컵 모양으로 만들어졌으며, 가운데 부분은 고대 그리스 승리의 여신 니케를 형상화했다.

그러니까 이 책을 계속 읽다 보면 월드컵에 대해서는 거의 모든 것을 알게 될 거야. 그것 참 짜릿하군!

짜릿한 월드컵이 시작되다!

여러분은 국제 축구 팬이라고 할 수 있을까? 그럼 이 정도는 대답할 수 있어야 한다. 1996년 유럽 축구 선수권 대회에서 잉글랜드 팀의 응원가였던 히트곡 '사자 세 마리'의 가사는 어떻게 시작될까?

무슨 뜻이냐고? 지금과 같은 축구 경기는 잉글랜드에서 시작되었다는 뜻이다. 경기 규칙은 1848년 케임브리지 대학에서 만들어졌으며, 세계에서 가장 오래된 축구 클럽은 1857년에 만들어진 세필드 FC이다.

처음 시작은 잉글랜드였지만 스코틀랜드, 웨일즈, 그리고 북아일랜드를 거쳐서 세계로 퍼져 나갔다.

영국의 4개국(영국은 잉글랜드, 스코틀랜드, 웨일스, 북아일랜드 네 개의 구성국이 연합해 형성된 국가인데, 올림픽 축구에는 영국 한 팀으로, 월드컵 축구에는 잉글랜드, 스코틀랜드, 웨일스, 북아일랜드가 따로따로 출전한다.)은 과거에 전쟁터에서도 서로 나가떨어질 때까지 싸우는 것을 좋아했다. 축구가 인기를 얻으면서 축구장에서 똑같은 일이 벌어지는 것은 자연스러웠다. 그렇기 때문에 이들의 경기는 국가 대표팀끼리 이루어졌고, 국제 경기로 치러지면서 정말로 짜릿한 경기가 되었다!

어떻게 경기를 했는지 시간 순서로 살펴보도록 하자.

1872년 처음으로 공식 국제 축구 경기가 열렸다. 크리켓 경기장에서!

스코틀랜드의 서부, 패트릭 크리켓 경기장에서 첫 경기가 열렸는데, 스코틀랜드와 잉글랜드는 0 대 0으로 비겼다. 입장료는 12펜스! 스코틀랜드의 레키가 찬 공이 기둥 사이에 매어 놓은 끈의 위를 넘어갈 때 모여 있던 관중은 거의 2000명이었다. 이때는 아직 크로스바가 없을 때였다.

1873년 잉글랜드와 스코틀랜드가 두 번째로 국제 경기를 가졌다(또다시 크리켓 경기장에서! 유명한 런던의 오벌 경기장이다). 이때 잉글랜드가 4 대 2로 승리했다. 그 뒤 경기는 해마다 개최되었다.

1876년 웨일즈가 스코틀랜드를 상대로 경기를 치렀지만 결과는 좋지 않았다. 0 대 4로 웨일즈의 완패!

1882년 아일랜드가 첫 번째 국제 경기를 치렀다. 상대 팀은 잉글랜드였는데, 결과는 처참했다. 0 대 13으로 완패!

1884년 잉글랜드, 북아일랜드, 스코틀랜드 그리고 웨일즈는

'홈 인터내셔날 챔피언십(브리티시 홈 챔피언십. 1884년 시작해서 1984년까지 개최됐다. 세계에서 가장 오래된 축구 대회이며, 영국의 4개 국가인 잉글랜드, 스코틀랜드, 웨일즈, 북아일랜드 간의 대회이다.)'을 시작했다. 네 나라는 시즌 동안 서로 리그 전(서로 한 번씩 경기를 하는 것)을 하여 이긴 팀은 2점, 비겼을 때는 1점을 얻기로 정하였다. 첫 번째 우승자는 스코틀랜드로, 세 나라를 상대로 모두 승리를 거두었다.

1888년 최초의 '월드컵' 경기가 열렸다. 경기가 두 클럽 사이에서 열렸다는 사실만 제외하면 국제 대회이다. 스코틀랜드 축구 협회 대회 우승팀인 랜턴 팀이 잉글랜드 축구 협회 대회 우승팀인 웨스트 브로마치 앨비언 팀을 꺾고 '세계 축구 선수권 대회'로 홍보된 경기에서 승리를 차지했다.

1895년 잉글랜드의 최고 골잡이 스티브 블루머는 데뷔 경기인 북아일랜드와의 경기에서 두 골을 넣으며 잉글랜드가 9 대 0으로 승리하는 데 큰 역할을 했다. 이날 '블루머'라는 특급 축구 스타(인기 스타)가 탄생했다.

최고의 선수, 스티브 블루머

블루머 선수의 사전에는 실수란 없었다. 1874년에 태어난 그는 국제 축구 초창기, 잉글랜드의 웨인 루니만큼이나 잘 나가는 스트라이커였다. 블루머는 너무 허약해서 축구 선수처럼 보이지 않아 동료들은 그를 '창백한 얼굴'이라고 불렀다. 하지만 블루머는 잉글랜드 팀으로 스물세 번의 경기에서 스물여덟 골을 넣었으며, 그중 열 골은 국제 대회에서 넣은 것이었다.

- 1896년 웨일즈를 상대로 한 경기는 정말 최고였다! 블루머는 다섯 골을 넣었는데, 한 신문에서는 그의 경기를 보고 '뱀장어처럼 요리조리 빠져나갔다'라고 표현할 정도였다.

- 그는 패스를 받고 바로 슛을 할 수 있도록 발쪽으로 패스가 오는 것을 좋아했다. 만약 그렇게 패스하지 않으면 동료들에게 '그건 뭐라고 부르는 거야? 패스? 난 그렇게 비행기 같은 패스는 본 적이 없어!'라고 소리를 질렀다고 한다. 블

루머가 공을 잡으면 보통은 득점을 얻었으므로 클럽 경기에서의 득점 기록은 국제 기록만큼 환상적이었다. 1892년부터 1914년까지 더비 카운티 팀과 미들즈브러 팀에서 선수로 뛴 블루머는 598번의 리그 경기에서 353골을 넣었다(정말 최고의 축구 선수다).

- 요즘 스타 선수들은 돈을 많이 번다. 연봉을 많이 받을 뿐 아니라 스포츠 용품 회사와 계약을 맺어서도 돈을 번다. 시대가 변한 것이다. 블루머는 1891년 더비 카운티 팀에서 뛰며 1주일에 겨우 37.5페니를 받았다! 하지만 그는 스포츠 용품 협찬을 받은 첫 번째 축구 선수였다. 신발 회사는 그에게 신상품 축구화를 주었고, 그것은 '스트라이커 블루머의 행운의 축구화'라고 이름 붙여졌다.

- 블루머는 40세의 나이로 은퇴한 뒤에도 여전히 축구계에 있었고, 영국이 아닌 독일에서 감독을 맡기도 했다. 블루머 이후로도 수많은 슈퍼스타가 있었지만 동상까지 세워진 인물은 별로 없다. 1997년 더비 카운티의 홈구장에 블루머의 흉상이 세워졌는데, 그 비용 중 일부는 선수들의 대표팀 모자(초창기 국제 축구 대회에서는 셔츠를 각 나라별로 통일해서 입지 않았기 때문에 모자로 구별하였다)를 판매한 것이었다.

믿을 수 없는 메레디스!

빌리 메레디스는 스티브 블루머와 같은 해에 태어난 선수로 19세기와 20세기를 넘나드는 스타 선수였다.

메레디스는 여러 가지 면에서 뛰어난 윙어였다. 메레디스는 자신이 속한 클럽인 맨체스터 시티 팀이 리그 우승을 할 수 있도록 애스턴 빌라 팀 주장에게 10파운드를 주고 게임에 질 것을 제안했다. 그리고 이 일로 유죄 판결을 받은 메레디스는 1904년 한 해 동안 경기에 출전할 수 없었다!

그럼에도 불구하고, 메레디스의 축구 실력은 대단했다. 콧수염을 기른 메레디스가 늘씬한 몸으로 달리는 모습은 마치 그레이 하운드가 뛰는 것 같았다. 메레디스가 그의 트레이드마크인 이쑤시개를 꽉 물고 터치라인 위아래로 질주할 때마다 관중들은 일어섰고, 그것이 바로 그가 '윙어의 왕자'라는 별명을 얻은 이유였다.

메레디스는 웨일즈 대표로 25년 동안 마흔여덟 번의 경기에 나갔으며, 1920년, 마지막 경기는 지금까지 그의 경기 중 최고로 손꼽힌다. 하이버리의 아스널 구장에서 잉글랜드를 상대로 한 그 경기에서, 웨일즈는 2 대 1로 승리하면서 처음으로 잉글랜드를 무찔렀다! 이 경기는 빌리 메레디스에게는 마지막 국제 경기였다. 하지만 메레디스는 그 뒤로도 4년을 더 선수로 활약했으며, 50세 생일을 4개월 남겨둔 1924년, FA컵 준결승에 오른 맨체스터 시티의 경기에 출전하기도 했다.

축구를 퍼뜨려!

이 짓궂은 문제를 내면 축구광인 선생님도 바보가 된다! 에버튼과 리버풀 구장은 얼마나 떨어져 있을까?

답 : 적어도 1,200km!

그럼 선생님은 이렇게 말할 것이다. "너 참 바보구나! 리버풀과 에버튼은 모두 리버풀 시의 구단이라 경기장이 한 발짝도 떨어져 있지 않다(같은 구장을 사용한다)는 건 누구든 알고 있어." 그때 여러분은 재빨리 지금 영국의 리버풀과 에버튼에 대해서 말하고 있는 게 아니라고 대답하면 된다. "지금 말하는 것은 우루과이에 있는 리버풀과 칠레에 있는 에버튼이에요!"

어떻게 이런 이름을 갖게 되었을까?

19세기에는 잉글랜드, 아일랜드, 스코틀랜드, 웨일즈 4개 영연방국가에서만 축구 경기가 열렸다. 그러던 것이 선원, 군인, 상인, 엔지니어, 선생님과 학생 등 다른 나라로 건너간 사람들 덕분에 축구가 전 세계로 빠르게 전파되었다.

- 아르헨티나의 축구 클럽 부에노스 아이레스는 1865년에 영국에서 온 이주민들이 만든 것으로 잉글랜드에서 세필드

FC가 설립된 지 겨우 8년 뒤에 만들어졌다.
- 1901년 우루과이와 아르헨티나의 경기가 열렸는데, 이 경기는 영국 밖에서 열린 첫 국제 경기로 남아메리카에서 개최됐다.

축구를 각 나라에 소개했던 사람은 대부분 영국인이나 이탈리아인이었다. 이것이 바로 영국 밖의 축구 클럽이 영국 클럽의 이름을 가지게 된 이유이다. 축구를 퍼뜨린 사람들이 자신들이 좋아하는 팀의 이름을 붙인 것이었다.

철도 회사는 훈련 중, 브라질 스타일!

브라질은 처음으로 월드컵 경기에서 다섯 번이나 우승한 나라지만, 영국인이 아니었다면 축구를 몰랐을지도 모른다. 1880년대 초 부모와 함께 브라질로 이민을 갔던 찰스 밀러라는 남자가 영국으로 유학을 오게 되었다. 그는 영국에서 10년을 머물렀고, 유학을 마치고 브라질로 돌아올 때 그가 가지고 온 것은,

- 대학 학위
- 축구공 2개
- 축구용품 풀 세트!

밀러는 영국에서 축구에 눈을 떠 사우샘프턴 팀에서 선수로 활약했다. 브라질로 돌아온 밀러는 축구가 얼마나 훌륭한 운동인지 알리는 데 온 힘을 쏟았다. 처음 축구를 시작한 사람들은 '상파울로 철도 회사'에서 일하던 영국인 노동자들이었다. 이들은 브라질에서 열린 첫 축구 경기에 참가해 가스 회사 팀을 4 대 2로 물리쳤다. 철도 회사 팀 훈련이 훌륭했던 것이 분명하다!

러시아 축구화의 비밀

두 명의 영국인, 차녹 형제가 1887년 러시아에 축구를 소개했다. 둘은 모스크바 근처에서 공장을 운영했는데, 여러모로 매우 편리한 점이 있었다. 형제는 축구팀을 시작하는 데 필요한 모든 것을 공장을 운영하여 얻을 수 있었다. 축구화만 빼고. 그 문제는 공장에서 일하는 가죽 작업공이 작업공의 신발에 스터드를 박는 것으로 해결되었다!

차녹 형제의 노력으로 모스크바에서도 축구가 유행했다. 1910년에 모스크바 리그가 시작되었고 차녹 팀은 5년 연속으로 우승팀이 되었다.

늦게 배웠지만 앞지른 독일

1860년대에 독일에 살고 있는 영국 학생들은 그들이 좋아하는 축구를 했고, 자연스럽게 독일 전역으로 퍼져 나갔다. 1899년에는 독일에 축구를 퍼뜨리려고 영국에서 처음으로 외국인 축구 투어가 만들어졌다. 그러니까 영국은 독일에 패할 때마다 스스로를 탓해야 한다!

올림픽 챔피언

19세기에서 20세기로 넘어갈 때 세계의 스포츠 축제는 올림픽이었다. 1896년부터 4년마다 열렸으나 제1차 세계 대전과 제2차 세계 대전 기간 동안에는 열리지 않았다. 올림픽에서 우승한다는 것은 곧 세계 챔피언이 된다는 뜻이었다.

왁자지껄 월드컵 문제

축구는 1900년 파리 올림픽에서 시범 종목으로 처음 경기가 치러졌다. 첫 번째 올림픽 챔피언은 동쪽에서 나왔을까, 서쪽에서 나왔을까?
답: 동쪽에서 나왔다. 정확하게는 런던의 동쪽 끝에서! 영국의 대표팀으로 잉글랜드 클럽 팀인 업턴 파크 FC가 참가했다. 한 경기만 하면 됐는데 프랑스를 4 대 0으로 이기고 '세계 챔피언'이 되었다!

챔피언 영국

축구가 정식 종목으로 올림픽에 채택된 것은 1908년 런던 올림픽에서였다. 이번에는 제대로 된 토너먼트 방식이었고, 잉글랜드가 아닌 영국 대표팀이 참가했다. 영국은 결승전에서 덴마크를 2 대 0으로 꺾고 우승을 차지했다. 영국 대표팀은 올림픽 우승이 운이 좋았던 것만은 아니라는 듯이 4년 뒤인 1912년 스웨덴에서 열린 올림픽에서 다시 우승을 차지했다. 결승전에서 또다시 덴마크를 만났는데, 이번에는 4 대 2로 승리하여 금메달을 차지했다(금메달이긴 했지만, 올림픽 초기에는 선수 모두에게 각각 메달을 주지 않았으므로 메달을 나눠 가져야 했다).

하지만 그 후로는 성적이 좋지 않았다.

1920년 참가, 1라운드에서 노르웨이에 완패했다.

1924년, 항의 차원에서 참가하지 않았다. 왜? 돈 때문이다. 올림픽은 아마추어를 위한 경기이므로 선수들이 참가하는 종목에서 경기를 하면서 돈을 받으면 안 된다. 영국은 이 문제를 매우 진지하게 받아들여서 선수들의 여행 경비도 지원하지 않았다. 그런데 피파(FIFA)와 올림픽 조직위원회에서 선수들에게 올림픽에 참가하느라 벌지 못한 돈을 지급하라고 하자 영국은 팀을 철수시켰다.

1928년 또다시 참가하지 않았다. 같은 이유지만 이번에는 더 복잡해졌다! 영국은 올림픽 경기에 대표를 내보내지 않았을 뿐 아니라 잉글랜드, 아일랜드, 스코틀랜드, 웨일즈가 모두 피파(FIFA)를 탈퇴했다.

영국은 참가하지 않았기 때문에 진정으로 챔피언을 가릴 기회를 잃었던 것인지도 모른다. 1924년 올림픽에는 남아메리카 국가로는 처음으로 우루과이가 참가해서 금메달을 차지했다! 그들은 유럽인들은 본 적도 없는 기술을 보여 주면서 다섯 번의 경기에서 스무 골을 기록하며 단지 두 골만을 내주었다.

4년 뒤 1928년, 우루과이가 또 금메달을 차지했다. 게다가 결승전 상대는 이번에도 남아메리카에서 온 아르헨티나였다.

자, 축구는 이제 세계적인 경기가 되었다. 우루과이의 승리는 남아메리카 국가들이 단지 유럽을 따라잡은 정도가 아니라 뛰어넘을 수도 있다는 것을 보여 주었다! 뛰어넘었다고? 정말 우루과이가 세계 최고의 팀인 거야?

오직 아마추어만 참가할 수 있다는 올림픽의 규정 때문에 의심이 생겼다. 1928년에는 국제적으로 알려진 선수 대부분이 프로 선수였다. 그래서 이것은 논쟁거리가 되었다. 많은 나라가 선수의 절반 정도를 올림픽에 내보낼 수 없는 조건에서 치르는 올림픽 경기가 정말로 세계 최고의 팀을 가리는 경기라고 할 수 있을지…….

올림픽 규정은 변하지 않을 것이므로, 다른 유일한 가능성은 프로 축구 선수가 뛸 수 있는 대회를 만드는 것이었다.

이렇게 월드컵이 필요한 이유는 분명했다. 하지만 누가 이것을 만들 것인가? 당연히 피파(FIFA)였다. 드디어…….

피파(FIFA)와 월드컵

피파(FIFA), 즉 Fédération Internationale de Football Association(영어로는 International Federation of Football Associations, 우리말로는 국제축구연맹)은 1904년 클럽 대회와 자신들만의 축구 협회를 설립했던 유럽의 몇몇 나라에 의해서 만들어졌다. 설립에 참가한 국가는 7개국이었다.

이상한 나라는 나가

이 나라들 중 어느 나라가 피파(FIFA)의 창립 회원국일까?

> **답** : 벨기에, 덴마크, 프랑스, 네덜란드, 스페인, 스위스, 스웨덴이 설립 멤버이다. 종주국인 영국의 4개국은 어느 나라도 창립 회원국이 아니었다. 이 4개국은 모두 1905년에 합류했다. 이 나라들 중 비유럽 국가가 한 나라도 없었던 것은 초대장을 받지 못했기 때문이다.

월드컵은 우리가 하는 거야. 그렇다고!

피파(FIFA)가 1904년에 한 일 중 하나는 자신들이 프로 선수를 위한 대회인 월드컵을 운영할 수 있는 유일한 단체라고 말한 것이었다. 그렇지만 피파(FIFA)는 1928년까지 아무것도 하지 않았다!

점점 올림픽에 대한 불만이 커지자 마침내 피파(FIFA)는 행동을 시작했다! 두 명의 프랑스인 쥘 리메와 앙리 들로네가 앞장서서 피파(FIFA)의 권리를 내세운 것이다. 그 결과 드디어 1930년에 첫 월드컵 대회를 개최하기로 계획을 세웠다.

피파(FIFA)에 가입된 나라라면 어느 나라든 대회에 참가할 수 있었지만 불행하게도, 잉글랜드, 북아일랜드, 스코틀랜드, 웨일즈는 포함되지 않았다. 이 나라들은 1928년에 피파(FIFA)를 탈퇴한 이후 다시 가입하지 않았다. 이것은 그들이 첫 번째 월드컵 결승에 참가할 기회를 잃었다는 뜻이었다.

1930년 무적의 우루과이

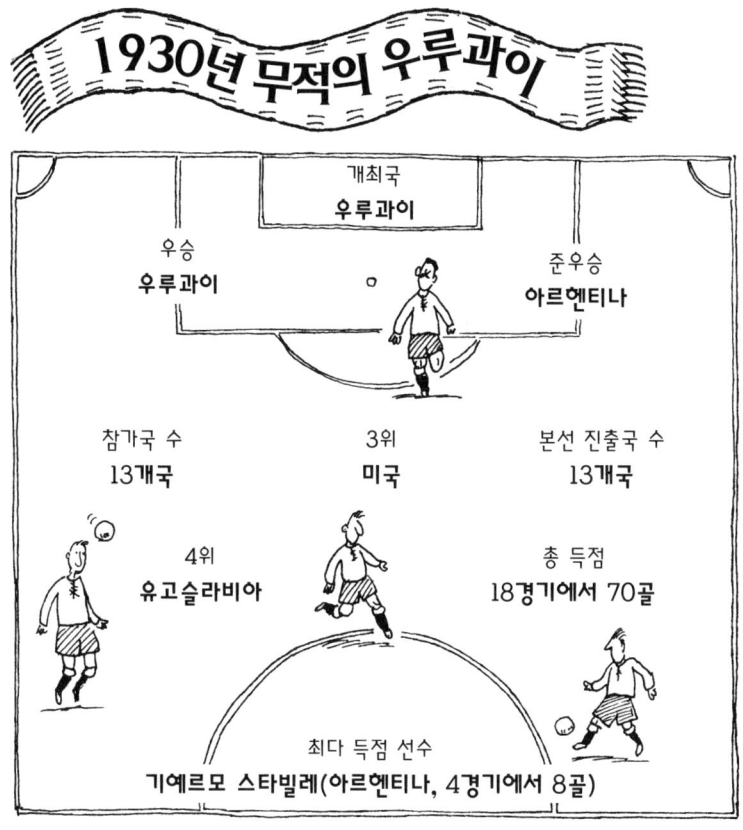

첫 번째 월드컵 대회는 남아메리카에서 열렸다. 왜 그렇게 유럽에서 먼 나라에서 열렸을까(당시에 유럽에서 남아메리카까지는 3주일이 걸렸다)? 거기에는 두 가지 이유가 있었다.

- 우루과이는 올림픽 우승국으로, 당시에는 '비공식적인' 세계 챔피언이었다. 따라서 첫 번째 대회를 우루과이에서 개최하는 것은 당연해 보였다.
- 게다가 1930년은 우루과이가 브라질로부터 독립한 지 100년이 되는 해라 특별한 의미도 있었다.

그래서 우루과이 당첨!

'가장 멋진 손' 상

프랑스. 1930년 프랑스는 제1회 월드컵 대회에 참가하기 위해 남아메리카까지 가는 긴 여행 동안 갑판 위를 돌아다니면서 체력 관리를 했는데, 물구나무서기를 한 채였다!

    불행하게도 유럽에서 우루과이까지의 여행에 참가한 나라는 두 나라가 더 있을 뿐이었다. 13개국이 참가했기 때문에 토너먼트 방식으로 치르려던 계획은 물거품이 되었다. 대신에 리그전을 위해 네 개조로 조를 나누어야 했는데, 1조는 네 팀, 나머지 3조는 세 팀씩이었고, 각 조의 1위가 준결승에 진출하기로 했다.

    네 팀이 들어간 조에 미국 팀이 있었다. 미국 팀의 선수 열한 명 중에서 다섯 명은 스코틀랜드로 이민을 가서 프로 선수로 활약하기도 했던 선수였다. 그러니까 '무늬만 미국인'이었던 셈이다. 이 선수들은 체격이 정말 좋았기 때문에 다른 팀 선수들이 '투포환 선수'라고 별명을 붙여 줄 정도였다!

    첫 번째 결승전은 오랜 앙숙인 우루과이(우루과이는 철벽 수비 덕분에 '철제 커튼'이라는 별명을 얻었다)와 아르헨티나의 경기였다. 1928년 올림픽에서 우루과이에게 패한 뒤 아르헨티나 팬

들은 복수할 기회를 찾고 있었다. 잉글-랜드! 잉글-랜드! 같은 구호는 잊어버리자. 아르헨티나의 구호는 이랬다.

　관중들은 총을 가지고 있는지 검색을 받은 뒤에야 운동장에 들어갈 수 있었다! 주심은 결승전 심판을 맡는 데 동의하기 전에 자신과 선심이 경호를 받아야 한다고 주장했고, 게임이 치러지는 동안 무장한 병사들이 운동장 주위를 순찰했다.
　주심은 경기가 시작되기 전에 또 한 가지 문제를 해결해야 했는데, 어느 팀 공으로 경기를 치를지 정하는 것이었다. 각 팀은 각각 공을 가져왔고, 자신들이 가져온 공으로 경기가 치러지기를 원했다. 결국 두 팀은 전반전과 후반전을 나누어 두 팀의 공을 한 번씩 사용하는 데 동의했다. 아르헨티나가 동전 던지기에서 이겼고, 아르헨티나의 공으로 치른 전반전에서 아르헨티나는 2 대 1로 앞서 나갔다.
　후반전에서는 우루과이의 공이 사용되었고, 우루과이가 세 골을 넣어 4 대 2로 승리했다. 제1회 월드컵 챔피언은 우루과이에게 돌아갔다!

머리로 이름 알리기!
　월드컵에서 뛰는 모든 선수들은 이미 잘 알려진 최고 선수들이다. 하지만 또 다른 면에서 이름을 알린 사람들도 있다!

- 페드로 페트로네는 1930년 우루과이 팀 선수였는데, 그는 헤어 스타일을 망치고 싶지 않았기 때문에 헤딩을 거부하기도 했다.

- 토스타오는 1970년 브라질 팀에서 중요한 선수였는데, 그도 헤딩을 하지 않았다. 토스타오의 경우에는 의사의 지시에 따른 것이었다. 눈에 문제가 있어서 헤딩을 하면 실명할 수도 있었기 때문이다.

- 유고슬라비아의 라이코 미틱은 머리가 큰 선수였다. 그는 1950년 결승전에서 브라질과의 경기 전 탈의실을 떠날 때 머리를 철제 기둥에 부딪혔다. 경기는 그가 없는 채로 시작되었고, 그는 나중에 머리에 붕대를 감은 채 나타났다. 유고슬라비아는 이미 한 골을 잃은 상태여서 0 대 2로 패하고 말았다.

- 1994년 불가리아 팀의 골키퍼 보리슬라프 미하일로프는 골대만 지킨 것이 아니라 자신의 머리카락도 지켰다. 그는 월드컵 직전에 30,000달러의 비용을 들여 모발 이식을 받았다. 미하일로프는 경기에 출전할 때 전용 미용사도 데리고 갔다. 불가리아가 준결승에 진출하자 미하일로프의 새로운 머리카락은 텔레비전에 자주 소개되었고, 세계적으로 유명해졌다. 그는 불가리아로 돌아가서 머리카락을 이용해 가게를 열어 돈을 벌었다. 바로 미용실!

이름 맞히기!

월드컵이 유명한 이유 중 하나는 전 세계에 있는 이상한 이름이 다 모인다는 것이다. 그 이름 중 어떤 것은 진짜가 아니다. 잉글랜드 팀의 위대한 윙어 스탠리 매튜스(Stanley Matthews)가 스위스 팀과의 경기에 성 마태(St.matthews, St는 세인트, 성인의 약자)로 등록한 것처럼 말이다. 그것뿐이 아니다!

월드컵 역사에 기록된 이상한 이름들을 한번 살펴 보자.

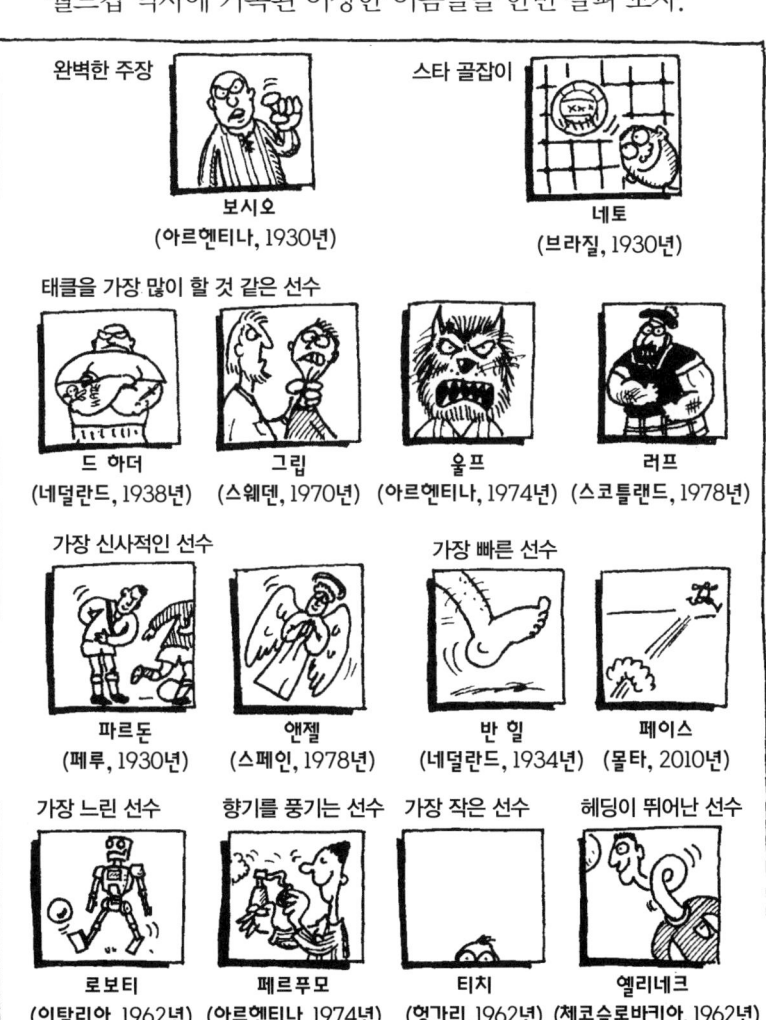

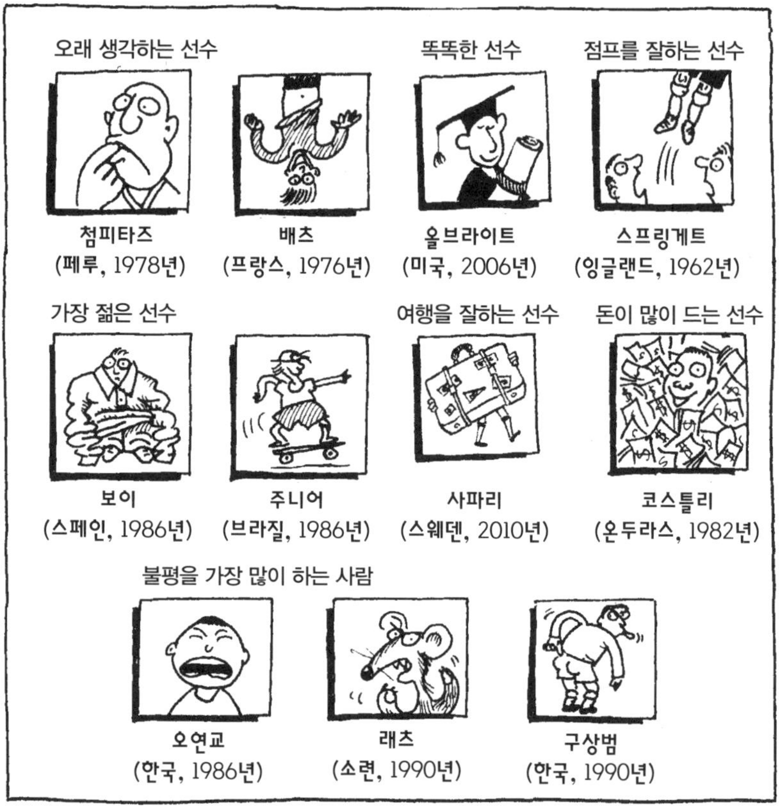

오래 생각하는 선수	똑똑한 선수	점프를 잘하는 선수
첨피타즈 (페루, 1978년)	올브라이트 (미국, 2006년)	스프링게트 (잉글랜드, 1962년)

배츠 (프랑스, 1976년)

가장 젊은 선수	여행을 잘하는 선수	돈이 많이 드는 선수
보이 (스페인, 1986년)	사파리 (스웨덴, 2010년)	코스툴리 (온두라스, 1982년)

주니어 (브라질, 1986년)

불평을 가장 많이 하는 사람

오연교 (한국, 1986년)	래츠 (소련, 1990년)	구상범 (한국, 1990년)

　　마지막으로 모두 선수가 기억하고 있는 약간 괴물 같았던 호주 심판이 있다. 그의 진짜 이름은 헤르 프랑켄슈타인이었다.

　　안타깝게도 헤르 프랑켄슈타인은 예선전에서는 주심을 맡았지만 본선 경기에서는 주심을 맡지 못했다(그는 아마 그것이 괴물 결정이라고 생각했을 것이다).

1934년 아무도 꺾을 수 없는 이탈리아

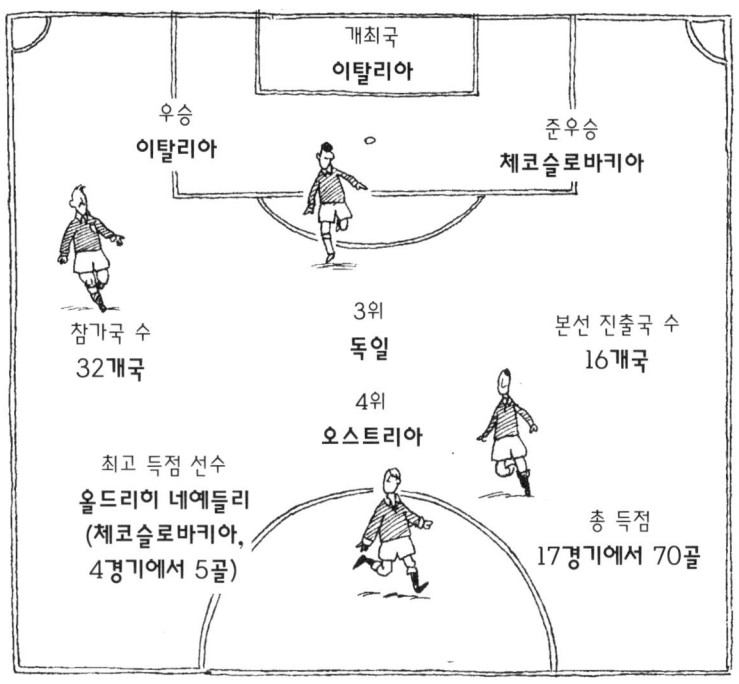

불쾌한 우루과이

어떤 팀은 초대를 받았지만 참가하지 않기로 결정하기도 했다. 이 중에서 가장 중요한 팀은 당시 챔피언 행세를 하던 우루과이였다. 우루과이는 1930년에 남아메리카까지 여행을 했던 유럽의 나라가 몇 없었다는 것에 여전히 화가 나 있었기 때문에 유럽으로 가는 것을 거부했다. 우루과이는 월드컵 역사상 처음으로 챔피언 타이틀을 지키지 못한 나라가 되었다(혹시 궁금해 할지도 모르는데 잉글랜드, 북아일랜드, 스코틀랜드, 웨일즈는 여전히 피파(FIFA)에 재가입하지 않아서 이번 대회에도 참가하지 않았다).

여행이 축구보다 힘들어

미국, 멕시코, 아르헨티나, 브라질은 배를 타고 대서양을 건너 이탈리아까지 가는 데 3주가 걸렸다. 네 팀은 곧 원하지 않는 상황을 맞게 된다.

첫 번째로 슬픔에 잠긴 팀은 멕시코였다. 1934년 월드컵은 지금처럼 31개국이 참가하는 지역 예선전이 먼저 열리고, 예선을 통과한 16개국이 본선을 치렀다. 멕시코와 미국은 같은 그룹에 속해 있었지만 어떤 이유에서인지 지역 예선을 치르지 않았다. 그래서 두 나라는 같이 이탈리아로 여행을 하게 되었고, 이탈리아에서 예선전을 치렀다! 멕시코가 패배했고, 멕시코는 월드컵 본선 대회장까지 갔지만 대회에 참여하지 못한 유일한 나라가 되었다!

이제 다른 세 팀이 비참함을 느낄 차례이다. 1934년 본선에서는 리그전이 없었고, 바로 토너먼트 방식으로 경기가 이루어졌다. 1회전에서 탈락한 나라는 어느 나라일까? 아르헨티나, 브라질 그리고 미국! 두 나라는 한 경기만 하고 집으로 돌아가기 위해 3주 동안 또 배를 타야 했다.

오르시, 오르시, 골키퍼가 없잖아

결승전에서 개최국 이탈리아는 체코슬로바키아와 맞붙었다. 이 경기는 극적인 골로 유명하다. 경기 시간이 10분 정도 남았을 때, 이탈리아가 0 대 1로 뒤지고 있는 상황에서 이탈리아의 레프트 윙어 라이문드 오르시가 공을 잡았다. 공을 몰고 가면서 오르시는 왼발로 슛을 하는 척하다가 갑자기 오른발로 슛을 날렸다. 공은 골키퍼를 완벽하게 속이고 골대 안으로 빨려들어갔다.

그러자 게임은 연장전으로 들어갔고, 이탈리아의 승리를 돕는 신기한 골이 나왔다. 이탈리아의 포워드인 메아차는 부상을 당해서 라이트 윙 위치에서 절뚝거리고 있었다(그 당시에는 선수 교체가 없었다). 그렇기 때문에 메아차를 전담할 체코슬로바키아 선수가 아무도 없었고, 메아차는 공이 왔을 때 여유 있게 센터링을 했다. 그리고 그 공은 결승골로 연결되었다!

'두 번 다시 할 수 없는 일' 상

라이문드 오르시. 결승전 다음 날, 오르시는 잔뜩 모여든 기자들 앞에서 골을 넣었을 때의 마법 같은 기술을 보여 주려고 했다. 하지만 보여 줄 수 없었다. 심지어 골대 앞에 골키퍼도 없었는데 말이다. 오르시는 스무 번이나 시도하였지만 결국 포기하고 말았다!

짜릿한 궁금증: 비토리오 포초와 변덕스러운 이탈리아

이탈리아는 1934년, 1938년, 1982년 그리고 2006년, 이렇게 네 번이나 우승을 하였고, 두 번이나 2위를 한 나라이다.

이탈리아 축구 역사에서 가장 뛰어난 인물 중 하나는 선수가 아니라 감독이다. 그의 이름은 비토리오 포초, 그는 맨체스터 유나이티드의 팬이었다! 포초는 부모의 뜻에 따라 잉글랜드로 유학을 갔고, 거기서 축구를 알게 되었다. 맨체스터 유나이티드는 포초가 가장 좋아하는 팀이었고 맨체스터 유나이티드를 보면서 포초는 축구야말로 세계에서 가장 훌륭한 스포츠라고 믿게 되었다. 말하자면 포초는 축구 경기라면 사족을 못 쓰는 사람이었다.

실제로 포초는 이탈리아로 돌아갈 때가 되었는데도 떠나고 싶어 하지 않았다. 결국 포초의 가족은 그를 위해서 표를 사 주어야 했다.

이탈리아로 돌아온 포초는 축구를 가르치기 시작했고, 포초는 오랫동안 성공적으로 활동한 감독 중 한 명이 되었다. 포초는 1912년 올림픽 경기부터 이탈리아 국가 대표팀 감독을 맡았는데, 1938년 월드컵 이후까지도 지휘봉을 잡고 있었다.

사실 1930년대 비토리오 포초가 감독으로 있던 시절 이탈리아는 거의 천하무적이었다. 10년 동안 이탈리아는 딱 일곱 경기에서 패배했을 뿐이다! 1934년과 1938년 월드컵에서 승리를 거두었고 1936년 올림픽에서는 금메달을 차지했다.

그다음부터 이탈리아는 월드컵에서 아주 잘하거나 아니면 아주 못하거나가 둘 중 하나였다.

왁자지껄 월드컵 문제

이탈리아 팀 팬들은 왜 항상 파란색 옷을 입을까?

답: 이탈리아 팀의 별명인 '아주리'가 파란색을 뜻하기 때문이다.

1950년대에는 더 심했는데 끔찍한 재난으로부터 회복되는 중이었기 때문이다. 1949년 이탈리아 최고의 클럽 팀인 토리노 팀을 실은 비행기가 사고를 당해 승객 전원이 사망하는 사고가 있었다. 사망자 중 열 명은 이탈리아 국가 대표 선수였다. 1966년에 이탈리아는 또 나쁜 경기를 보여 주었다! 북한을 상대로 한 경기에서 이탈리아 스타 선수들은 0 대 1로 패했으니까. 이탈리아 팀이 고국으로 돌아갔을 때 공항에서 기다리고 있던 팬들은 선수들을 향해 쓰레기를 던졌다!

1974년에 이탈리아 선수들은 월드컵 승리를 위해 상대인 폴란드 팀에게 돈을 주었다는 혐의도 받았다. 뇌물 제공은 성공하지 못했지만, 폴란드 선수들은 놀랍게도 그 사건이 경기 중에 일어났다고 주장했다! 진실이든 거짓이든 효과는 없었다. 폴란드가 2 대 1로 이겨 이탈리아는 탈락했다.

이런 일에도 불구하고, 국제 경기에서나 월드컵 경기에서 이탈리아 팀의 기록은 인상적이었다! 1996년 몰도바와의 예선전 경기에서 3 대 1로 승리하면서 이탈리아 팀은 국제 경기에서 1,000번째 골을 기록했다. 1,000번째 골은 크리스티안 비에리가 터뜨렸는데, 이 경기는 비에리가 이탈리아 국가 대표로서 처음 출전한 경기였다!

와글와글 월드컵 상식

이탈리아에는 축구를 가리키는 이탈리아만의 명칭이 있다. 이탈리아어로 '칼치오'라고 불렀는데, 그 뜻은 '발'과 '공'을 뜻하는 명칭은 아니었다. 칼치오는 한 팀이 스물일곱 명으로, 16세기에 인기 있었던 경기의 이름이다.

보시다시피, 신사 여러분, 우리 이탈리아 축구는 여러분의 영국식 축구보다 좀 더 기술적으로 세련된 경기랍니다.

1938년 이탈리아 또다시 승리하다

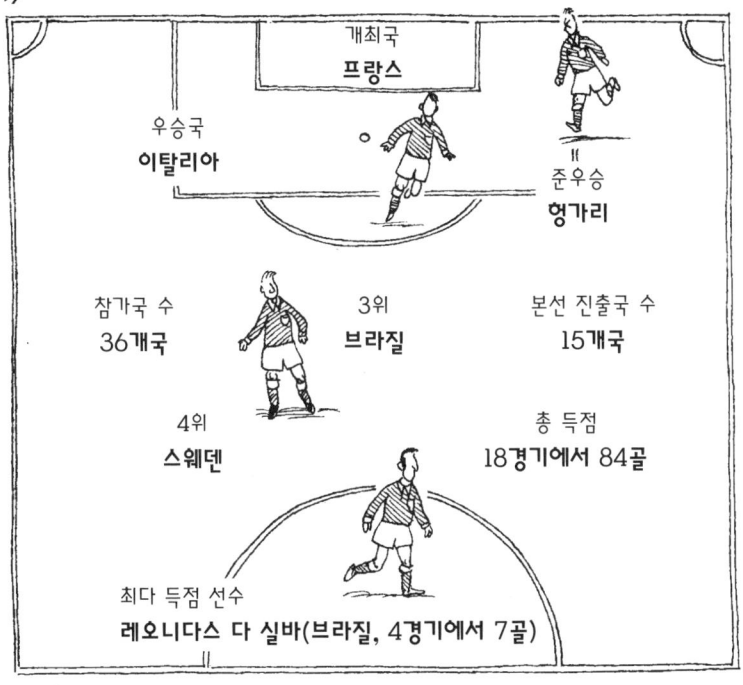

1938년 프랑스 월드컵 시작 전에도 짜릿한 사건이 일어났다.

토라지기

아르헨티나는 월드컵 본선 경기를 주최하길 원했다. 아르헨티나는 1934년 월드컵이 유럽에서 개최되었으므로 이제 남아메리카가 개최할 차례라고 주장했다. 하지만 설득에 실패했다. 그리고 우루과이는 1930년부터 계속 토라져 있었다!

전쟁

스페인은 내전 중이라 참가할 수가 없었다.

전쟁이 아니야

오스트리아도 역시 참가할 수 없었는데, 독일의 침공으로(제2차 세계 대전이 시작되고 있었다) 더 이상 '오스트리아'라는 나라로 존재할 수 없었다. 오스트리아 국가 대표 선수들은 독일 선수가 되어 월드컵에 참가했다.

아직 화 안 풀렸어!

오스트리아의 불참으로 본선은 한 팀이 모자랐다. 피파(FIFA)는 잉글랜드에게 한 자리를 내주겠다고 했지만 잉글랜드는 거절했다! 토너먼트는 열다섯 팀으로 진행하게 되었고, 오스트리아와 맞붙을 예정이었던 스웨덴은 부전승을 거두어서 경기를 한 번도 치르지 않고 8강으로 올라갈 수 있었다.

레오니다스, 똑똑한 브라질 선수

1938년 프랑스 월드컵의 스타는 브라질의 스트라이커 레오니다스 다 실바였다. 그는 총 일곱 골을 넣어서 최고 득점 선수가 되었다. 일곱 골 중에서 세 골은 브라질의 첫 번째 상대였던 폴란드와의 경기에서 나왔다.

완전 진흙탕인 경기장에서 레오니다스는 전반전에 한 골을 넣었고, 브라질은 전반전에서 3 대 1로 앞서 나갔다. 하지만 레오니다스는 자신의 경기에 만족하지 못하고 한 가지를 바꾼다면 더 잘할 수 있을 것이라고 생각했다. 그의 축구화 한 짝이 망가졌고, 후반전이 시작되었을 때 레오니다스는 발에 아무것도 신지 않고 있었다. 그의 행동이 잘못되었다고 생각했는지 심판은 들어가서 다시 신발을 신고 나오라고 했다. 레오니다스는 힘이 빠졌고, 폴란드의 반격으로 4 대 4로 후반전이 끝났다. 그러자 브라질의 스타 선수는 신발에 대한 걱정을 털어 버리기로 결심하고 양말을 당겨 신었다. 그는 연장전에서 2점을 기록하여 해트트릭을 달성했고, 마침내 브라질은 6 대 5로 승리했다. 놀랄 만한 경기였다!

브라질은 거칠다

브라질은 다음 경기에서도 체코슬로바키아를 물리쳤지만 이번에는 달랐다. 두 팀에서 많은 선수가 퇴장당했다. 이 경기는 월드컵 역사상 가장 지저분한 경기 중 하나로, 브라질 팀에서 두 명이, 체코슬로바키아 팀에서 한 명이 퇴장당했다. 게다가 체코슬로바키아의 한 선수는 다리가 부러져서 실려 나갔고, 다른 한 명은 가슴에 심각한 부상을 입었다.

점수는? 1 대 1이었고, 재경기는 정말로 차분하게 치러져 브라질이 2 대 1로 승리했다.

자신만만한 브라질

4강전에서 브라질은 이탈리아를 만났다. 브라질은 이탈리아를 이길 것이라고 확신했고, 결승전에 대비하여 레오니다스를 포함한 여덟 명의 선수를 쉬게 했다!

그 결정은 재앙을 불러왔다. 전반전이 0 대 0으로 끝난 뒤에 이탈리아는 페널티킥을 얻어 득점했다. 이탈리아 팀 주장 메아차는 과격한 태클로 바지가 찢어졌다. 페널티킥은 성공했지만 바지가 흘러내렸다! 결국 이탈리아는 결승전에 진출했고 브라질은 메아차의 바지처럼 미끄러져 내려왔다.

이탈리아가 이기거나 죽거나

브라질의 지나친 믿음은 결승전에 진출한 이탈리아 팀에도 영향을 미쳤다. 결승전은 파리에서 열릴 예정이었고, 결승전에 진출할 것이라고 확신했던 브라질은 비행기 표를 미리 예매해 두었다. 이탈리아 선수들은 사람들로 꽉 찬 기차를 타고 가야 했는데, 대부분의 선수가 서서 가야만 했다.

게다가 경기 시간을 잘못 알았던 이탈리아 선수들은 너무 일찍 경기장에 도착해 호텔로 다시 돌아가야 했다. 이탈리아 팀은 경기에 대해서 너무 걱정하고 있었다. 이탈리아의 팬이 선수들에게 '이기거나 죽거나!'라고 전보를 보냈다는 소문이 돌았다.

이런 일들을 겪은 다음이었으므로 이탈리아 팀은 헝가리를 4 대 2로 이기고 두 번째 월드컵을 차지했을 때 약간 허탈함을 느낄 정도였다. 감독 비토리오 포초는 확실히 그랬다. 포초는 경기가 끝나고 축하의 시간에 트레이너들이 신발에 물을 쏟고 있는지도 모를 만큼 멍한 상태였다!

본선 진출은 힘들어

월드컵 경기는 4년마다 열린다. 다음 경기는 2022년에 열리는데, 이것은 단지 본선이 열리는 해이다. 본선은 거의 한 달에 걸쳐서 경기가 치러진다.

본선이 열리기 전에 '예선전'이 열린다. 예선전은 본선에 진출할 팀을 결정하기 위해 세계 각국에서 열린다. 쉬운 일이 아니다! 해가 갈수록 예선전을 통과하기는 점점 힘들어졌고 짜릿한 이야기도 많이 만들어졌다.

예를 들어 1970년 월드컵 예선전에서 엘살바도르와 온두라스는 세 번을 싸웠다. 서로 한 번씩 이긴 다음 플레이오프를 거쳐서 엘살바도르가 3 대 2로 이겼다. 온두라스 사람들은 경기 결과에 너무 민감하여 그들 나라에 살고 있는 엘살바도르 사람들을 공격했고 그 결과 엘살바도르 정부가 온두라스를 공격하기도 했다. 두 나라 모두 축구에 목숨을 걸었다.

알쏭달쏭 지역 예선전 퀴즈

퀴즈를 풀며 지역 예선이 얼마나 짜릿했는지 알아보자.

1. 1934년에 이탈리아는 예선전을 치러야 했다. 비록 본선이 이탈리아에서 열렸지만. **참일까 거짓일까?**

2. 인도는 1950년 대회에서 아시아 지역 예선을 통과했지만 예선전 통과가 결정된 이후 기권해 버렸다. 왜 그랬을까?
   a) 자신들의 신발이 허용되지 않아서
   b) 반바지를 더 긴 것으로 바꿔 입어야 해서
   c) 셔츠의 색깔을 바꾸어야 했으므로

3. 웨일즈는 1958년에 아프리카와 아시아 지역 예선을 통과했다. **참일까 거짓일까?**

4. 1954년 지역 예선에서 스페인과 터키 두 팀만이 한 조를 이루었고, 서로 한 번씩 이긴 뒤 플레이오프를 치르게 되었다. 플레이오프에서 스페인은 위조된 전보를 받고 최고의 선수 라디슬라오 쿠발라를 팀에서 내보냈다. 플레이오프는 무승부로 끝났다. 이후 무슨 일이 일어났을까?
   a) 또 경기가 열렸다.
   b) 제비뽑기를 했다.
   c) 그 경기는 스페인의 승리로 되었다.

5. 벨기에는 1974년 월드컵 지역 예선전에서 한 게임도 패하지 않았으며, 한 골도 내주지 않고 본선에 진출했다. **참일까 거짓일까?**

6. 1978년 아프리카 그룹에서 모로코와 튀니지는 2차전까지 끝내고도 점수가 동점이었다. 승자는 지금까지 월드컵 역사에 없었던 방법으로 결정되었다. 어떤 방법이었을까?
   a) 첫 번째 골이 나올 때까지만 경기를 한다.
   b) 코너킥 수
   c) 승부차기

7. 호주는 2002년 대회의 지역 예선전에서 이틀 동안 스물다섯 골을 넣는 기록을 세웠다. **참일까 거짓일까?**

8. 2018년 월드컵의 지역 예선 첫 번째 경기 날짜는?
   a) 2015년 3월 12일
   b) 2016년 3월 12일
   c) 2017년 3월 12일

답:

1. **참.** 이탈리아는 예선전을 치렀다. 1934년 대회 뒤, 피파(FIFA)는 주최국이 본선에 참가하지 않는다면 관중이 거의 없다는 것을 깨달았고, 개최국은 예선전을 치를 필요가 없다고 결정했다.

2. a) 인도는 발에 아무것도 신지 않았다! 인도는 맨발로 뛰기를 원했고, 피파(FIFA)의 규칙은 그것을 허용하지 않았다.

3. **참.** 이 그룹의 모든 팀들이 이스라엘과 경기하느니 차라리 기권하겠다고 하였고, 피파(FIFA)는 본선에 나갈 팀을 정하기 위해 이스라엘과 상대할 팀을 제비뽑기로 정했다.

웨일즈가 당첨되었고, 웨일즈는 이스라엘에 승리를 거둬 본선 진출권을 얻었다.
4. b) 공평하게 하기 위해서 눈먼 이탈리아 소년이 제비뽑기를 했고, 터키가 승리했다!
5. **거짓**. 벨기에는 한 경기도 지지 않았고, 한 골도 잃지 않았다. 하지만 본선에 진출하지 못했다. 네덜란드는 0 대 0으로 비겼지만 네덜란드가 다른 팀을 상대로 벨기에보다 더 많은 골을 넣었으므로 골 득실 차로 본선에 진출했다.
6. c) 그전에는 승부차기 방식을 쓰지 않았다. 튀니지와 모로코는 비기기를 잘해서 전에도 두 번이나 비겼다. 동전 던지기에서는 모로코에게 행운이 따랐으나, 막상 페널티킥을 찰 때는 운이 따르지 않았다. 튀니지가 승리하였다.
7. **거짓**. 두 배나 더 잘했다! 4월 9일 호주는 통가를 22대 0으로 이겼고, 이틀 뒤에 사모아를 31 대 0으로 이기면서 월드컵의 기록을 새로 썼다. 사모아의 감독 투노아 루이는 놀라지 않았다. 그는 경기 전에 이렇게 말했다. "우리는 신께 점수 차가 적게 해 달라고 기도하고 있다."
8. b) 2018년 월드컵은 2015년 3월 12일에 아시아 지역 예선전이 시작됐다. 첫 번째 경기인 동티모르와 몽골의 경기가 뜨겁고 습기 찬 동티모르에서 열렸다. 5일 뒤에는 싸늘한 날씨의 몽골에서 경기가 열렸다. 종합 5 대 1로 동티모르가 승리하면서 동티모르가 가장 뜨거운 팀이 되었다.

그렇게 사이좋지 않아!

월드컵 본선 진출을 위한 예선전은 심각한 문제이다. 1958년 지역 예선에서 북아일랜드는 이탈리아와 같은 조에 속해 있었다.

두 나라는 아일랜드에서 경기를 치르기 위해 준비를 마쳤다. 하지만 심판이 아일랜드에 늦게 도착하여 시간에 맞게 올 수 없었다. 다른 심판이 투입되었지만 이탈리아 팀은 새 심판을 거부했고, 다른 날에 경기를 치러야 한다고 주장했다.

이탈리아는 북아일랜드와 정식 경기가 아니라 친선 경기를 치르기도 했다. 친선 경기의 의미에 맞게 '사이좋게' 치러지지는 않았지만. 경기는 내내 험악한 분위기였고, 성난 관중이 운동장을 점령 했을 때, 이탈리아 선수들은 북아일랜드 선수들 뒤로 숨고 성난 경찰은 관중들을 쫓아다녀야 했다.

북아일랜드는 다음번에 제대로 치룬 홈경기에서 이탈리아에 2 대 1로 승리했다. 이탈리아는 지역 예선에서 탈락했다. '사이좋게' 무승부가 되었다면 이탈리아는 북아일랜드 대신 1958년 월드컵 본선에 나갈 수 있었는데 말이다!

 **'침대 밑에 뭔가 있어요!' 상**

오토리노 바라시 박사는 이탈리아인으로 피파(FIFA) 부회장이다. 제2차 세계 대전 동안 누군가 순금 트로피를 가져갈지도 모른다고 걱정했던 바라시는 트로피를 신발 상자에 넣어서 침대 밑에 숨겨 두었다.

> 이제 내가 할 일이라고는 내 신발을 어디 두었는지 기억해 두는 것뿐이군!

1950년 놀라운 우루과이

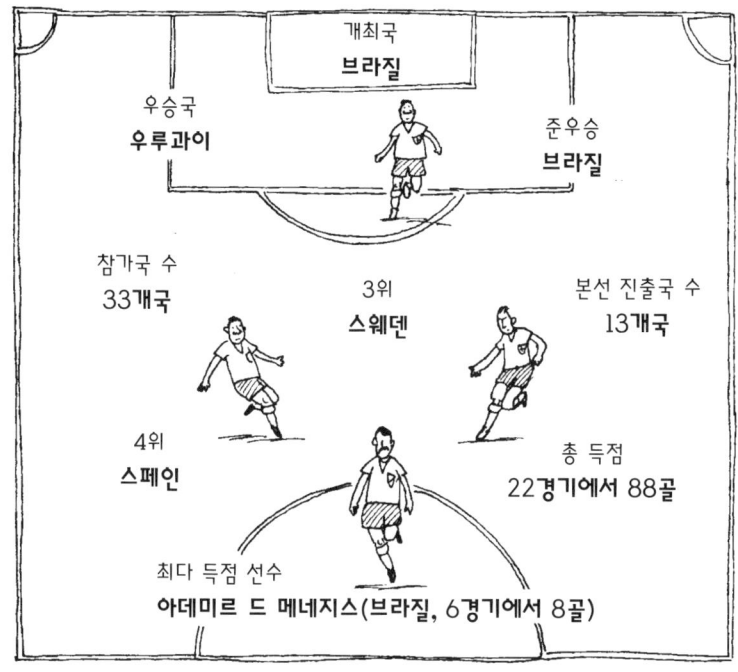

만세!

1950년에 피파(FIFA)에 재가입한 뒤에 잉글랜드는 영국 4개 국(잉글랜드, 스코틀랜드, 웨일즈, 북아일랜드) 중에서 처음으로 쥘 리메 컵을 놓고 겨루게 되었다('쥘 리메 컵'이라는 이름은 1946년 쥘 리메를 기려 지은 것이다).

우우! 그것은 재앙이었다.

피파(FIFA)는 영국의 네 나라가 겨루는 대회인 브리티시 홈 챔피언십 대회가 월드컵 조별 예선전이 될 수 있으며, 상위 2개 팀이 브라질에서 열리는 월드컵 본선에 진출해도 좋다고 결정했다. 이번에는 스코틀랜드가 잘난 척을 했다. 스코틀랜드는 오직 영국 챔피언으로 싸울 것이라고 말했고, 햄던 파크에서 잉글랜드와 결정전을 벌였다. 잉글랜드가 1 대 0으로 승리했고 스코틀랜드는 집에 남았다.

잉글랜드는 희망만 품고 있을 뿐이었다. 칠레와의 첫 번째 경기에서 잉글랜드는 미국에 0 대 1로 패하면서 월드컵 역사에서 깜짝 놀랄 기록을 남겼다. 신문은 이렇게 보도했다. '잉글랜드가 미키 마우스와 도널드 덕 팀에 패배하다!'

게다가 미국은 자신들이 잉글랜드 팀을 상대로 승리할 것이라고 생각하지 않았다. 미국 팀은 경기 전날 밤 자정이 넘어서까지 파티를 벌였던 것!

잉글랜드는 다음 경기인 스페인에게도 0 대 1로 패하고 말았다. 잉글랜드 팀은 집으로 돌아갔다. 그들 뒤에 결승을 향한 마지막 무대를 남긴 채.

왁자지껄 월드컵 문제

1950년 월드컵 대회에 우승자는 있었지만 결승전은 없었다. 어떻게 된 걸까?

답: 이유는 모든 경기가 리그전 방식으로 치러졌기 때문이다. 본선 1라운드에서 각 조의 1위 팀인 네 팀이 결선에 올라 리그전을 벌이고 1위 팀이 우승팀이 된다. 리그 마지막 경기가 우승팀 결정전이 된 것은 완전히 우연이었다.

마지막 경기는 우루과이와 브라질이었는데, 브라질은 이 경기에서 비기기만 해도 우승컵을 가질 수 있었다.

브라질의 우승은 당연하게 여겨졌다. 경기 전날 밤 리오의 주지사는 연설문을 썼다. '브라질 국민 여러분······'으로 시작하는 연설문은 다음에 어떻게 이어졌을까?

답 : 이것들 모두!

이것은 월드컵 역사에서 가장 짜릿한 연설이었다. 다음 날 브라질이 경기에 출전하였고⋯⋯ 1 대 2로 졌다! 우루과이가 1950년 월드컵의 챔피언이 되었다.

지금은 각 축구 클럽이나 국가 대표팀에 감독을 두는 것을 당연하게 여긴다. 하지만 잉글랜드의 경우 늘 그렇지는 않았다. 잉글랜드의 첫 번째 감독은 1946년에 임명되었다. 그때까지는 축구 협회가 선수를 선발했고, 축구 협회의 회원들이 그 선수들 중에서 누가 감독을 맡을지 정했다!

누구나 대표팀 감독이 될 수 있을까? 지금부터 퀴즈로 알아보자.

① 감독 놀이

근무 안 하기
선수들은 모두 다른 직업을 가지고 있었다.
감독은 월드컵 경기를 위해 선수들의
고용주와 휴가 기간을 의논한다.
잘했어, 잘못했어?

② 꾀부리기 없기
선수들에게 경기에서 잘 뛰지 못하면
군대에 가게 된다고 말한다.
잘했어, 잘못했어?

③ 가만있기 없기
만약 경기에서 진다면 걸어서 집으로
간다고 협박한다.
잘했어, 잘못했어?

④ 남의 말을 듣기 없기
선수들은 감독이 선수들에게 이래라
저래라 할 자격이 없다고 생각한다. 왜냐하면
그들은 스타 선수이고, 감독인 여러분은 국제
경기를 해 본 적이 없기 때문이다. 조용히 하세요.
잘했어, 잘못했어?

⑤ 경험 없음
감독으로 임명한 사람이 앨더샷 FC(잉글랜드
5부 축구 리그에 참가하고 있는 팀)
예비팀의 전 감독이었다.
잘했어, 잘못했어?

방법이 없다!
큰 시합을 앞둔 날 저녁에 선수들에게
이렇게 말한다. 너희는 가망이 없어.
잘했어, 잘못했어?

경기는 없다!
주장이 감독에게 이렇게 말한다.
당신은 쓰레기 감독이야.
감독은 그 선수를 집으로 보내 버린다.
잘했어, 잘못했어?

내가 장담하지!
여러분 나라는 다음 월드컵에서
반드시 이길 것이라고 발표한다.
잘했어, 잘못했어?

술 마시기 없기

여러분은 선수들을 훈련 캠프에 가둬 놓고 외출을
금지시킨다. 그 뒤 선수들이 술집에 몰래 가려고
탈출위원회를 만들었다는 것을 알게 되었을 때
누구라도 탈출을 시도하는 사람은 다시는
경기장에 나갈 수 없다고 말한다.
잘했어, 잘못했어?

먹기 없음
외국에서 경기를 하게 될 때는 그 지역의 음식을 믿을 수 없으므로 선수들이 먹을 음식을 가져간다.
잘했어, 잘못했어?

연습하기 없기
선수들이 클럽 경기에서 뛰지 않았다는 이유로 축구 협회에서 많은 선수의 자격을 정지시켰다. 감독인 여러분은 이렇게 말할 것이다. 만약 선수들의 자격 정지를 해제하지 않는다면 월드컵 연습 경기는 하지 않을 것이라고. 잘했어, 잘못했어?

더 이상 날뛰기 없기
월드컵 경기, 전반전에서 벌써 0 대 3이 되자 골키퍼를 교체하기로 결정했다.
잘했어, 잘못했어?

수영하기 없기
시합 전에 이렇게 말한다. 만약 진다면 모두 지중해로 던져 버리겠어.
잘했어, 잘못했어?

가지 말기!
밤늦게까지 밖에서 즐거운 시간을 보내는 선수는 월드컵 선수단에서 빼 버린다.
잘했어, 잘못했어?

답 :

1. **잘했어.** 1930년 루마니아 팀 감독이 그랬다. 루마니아는 그리 잘 살지 못했고, 감독의 결정으로 선수들은 첫 번째 월드컵에서 경기를 하게 되었고, 역사에 발자취를 남겼다(어떻게 그럴 수 있었냐고? 감독이 아니라 루마니아의 왕이었기 때문이다!).
2. **잘했어.** 1934년 이탈리아 팀이 그랬다. 월드컵 우승을 차지했다!
3. **잘했어.** 1938년 헝가리의 감독 디에츠가 그랬다. 스위스와의 경기 전 선수들에게 그렇게 말했고, 경기에 2 대 0으로 이겼다!
4. **잘못했어.** 1950년 잉글랜드의 감독 월터 윈터바텀이 그랬다. 팀은 불명예스럽게 돌아왔다.
5. **잘했어.** 1950년 감독은 조지 레이너, 나라는 스웨덴이다. 월드컵 참가 세 번째, 1958년에 결승전까지 진출했다.
6. **잘했어.** 1950년 미국의 감독, 이름은 빌 제프리. 선수들은 다음 날 경기하러 가서 잉글랜드를 1 대 0으로 무찔렀다!

7. **잘했어.** 2002년 아일랜드 감독 믹 맥커시는 로이 킨을 집으로 돌려보냈다. 아일랜드는 무패로 조별 예선을 통과했다.
8. **잘했어.** 그 말이 1966년까지 이어져서, 앨프 램지가 감독을 맡았을 때, 잉글랜드는 우승했다!

9. **잘했어.** 역시 1966년 램지 감독 때 일이다. 잉글랜드 선수들은 아무것도 할 수 없어서 경기에만 집중했다.

10. **잘못했어.** 또 잉글랜드 감독 앨프 램지 이야기이다. 1970년 멕시코 월드컵에서 지역 음식을 못 믿었던 그는 버거 63kg과 소시지 180kg, 생선 136kg, 토마토 케첩 열 통을 싣고 갔다. 딱 한 사람 골키퍼였던 뱅크스가 독일과의 8강전에서 복통을 호소하며 경기에 나서지 못했다.

11. **잘했어.** 1976년 아르헨티나의 세자르 메노티 감독이 그랬다. 선수 협회는 요청을 받아들여 선수들을 복귀시켰고, 아르헨티나는 1978년 자국의 월드컵 본선에 진출했다.

12. **잘못했어.** 1974년 자이르의 감독이 유고슬라비아와 경기 때 그랬다. 교체로 들어간 골키퍼는 더욱 나빴다. 여섯 골을 더 내주어서 0 대 9로 패배했다!

13. **잘했기도 하고 잘못했기도 하다.** 1982년 독일의 감독, 윱 데어발은 팀이 알제리에 1 대 2로 져서 충격을 받았지만 결국 결승전에 진출했다.

14. **잘못했어.** 1986년의 브라질 감독 텔레 산타나는 플라멩구의 선수인 레나토 가우초를 쫓아냈다. 하지만 그 뒤 팀 동료인 레안드로가 이런 상황에서는 경기할 수 없다고 하는 바람에 두 명의 선수를 잃게 되었다!

몇 점을 얻었나요?

(1문제당 1점으로 계산한다)

10점 이상: 아주 훌륭하군요. 감독을 맡는다면 팀이 월드컵 우승을 할 가능성이 있군요.

5~10점: 썩 좋지 않군요. 팀은 본선에 진출하겠지만, 다음 라운드의 경기를 보고 싶다면 표를 사야만 할 것 같군요!

5점 이하: 끔찍하군요. 팀은 본선에 진출하지 못할 것이고 감독은 짐을 싸야겠군요.

신경쓰지 마세요. 어쨌든 텔레비전 해설자 자리를 제안받았다면 경기는 모두 보게 될 테니까요!

축구공처럼 통통 튀는 월드컵 말, 말, 말

감독은 경기에서 패했을 때 그럴듯한 변명을 대야 한다. 불가리아 감독은 팀이 오스트리아를 상대로 지역 예선 경기에서 패한 뒤 고전적인 변명을 했다. "우리 선수들의 정신 상태가 좋지 않았습니다. 비열한 속임수에 당했습니다. 국기도 우리나라 것이 아니었고요, 국가도 엉터리로 연주되었지요. 우리는 평정심을 잃었습니다."

1954년 독일이 우승컵을 손에 넣다

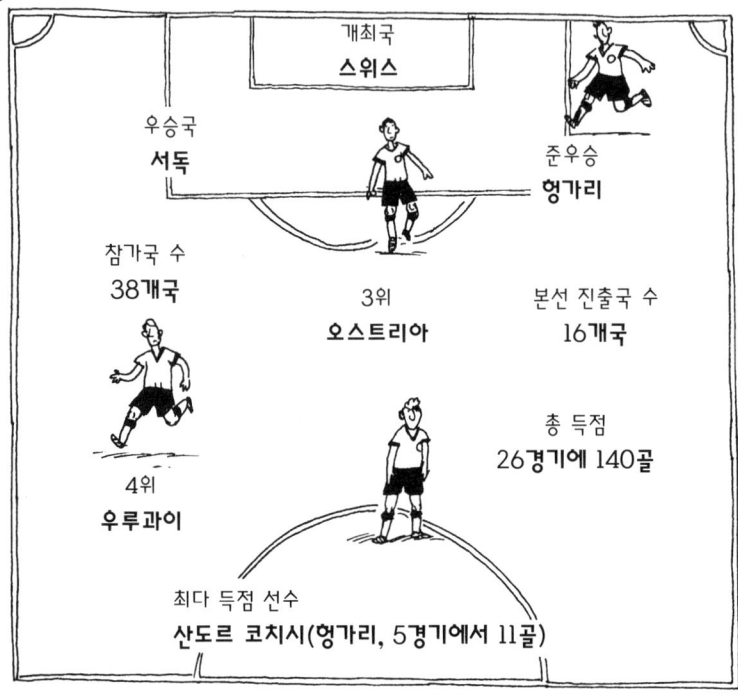

잉글랜드는 1954년 스위스 월드컵 본선에 진출했다. 이번에는 스코틀랜드와 함께였다. 이번에도 월드컵 예선전 대신 브리티시 홈 챔피언십 결과에 따라 본선 진출팀이 결정되었는데, 스코틀랜드는 그대로 2위였지만 자존심을 꺾고 피파(FIFA)의 초대를 받아들였다.

결과적으로는 1950년의 전술처럼 집에 있는 것이 더 나았을 뻔했다. 스코틀랜드는 두 경기를 치렀는데, 모두 패했다. 오스트리아에 0 대 1, 그리고 우루과이에 0 대 7로!

축구공처럼 통통 튀는 월드컵 말, 말, 말

스코틀랜드가 0 대 7로 우루과이에게 패한 다음에 한 신문 기자는 이렇게 썼다.

"스코틀랜드의 수비수들은 하이랜드(스코틀랜드의 북부 지역)의 소처럼 우두커니 서 있었다."

잘 봐, 그는 잉글랜드의 신문 기자였어!

잉글랜드는 좀 더 나았다. 스위스를 상대로 2 대 0으로 이긴 덕분에 8강에 진출했지만, 벨기에와 4 대 4로 비기고 말았다. 포츠머스의 지미 디킨슨이 골을 넣은 것은 이 경기에서였다. 지미가 잉글랜드 대표팀으로 활약하면서 마흔여덟 번의 경기만에 넣은 유일한 골이었다. 불쌍하게도 그것은 자책골이었다!

그 경기 이후 잉글랜드는 스코틀랜드와 같은 길을 가게 되었다. 우루과이에게 2 대 4로 졌다. 우루과이의 골 중에서 한 골은 분명히 반칙이었다. 프리킥 기회가 주어졌을 때 우루과이 미드필더 바렐라는 심판이 보지 않을 때까지 기다렸다가 공을 들어 올려 골키퍼가 차는 것처럼 뻥 찼다. 잉글랜드 선수들이 믿기지 않아서 공만 쳐다보고 있을 때 우루과이 선수가 슛을 했다. 골인!

앗, 내 머리!

1954년 월드컵에서 가장 놀랄 만한 경기는 7 대 5로 끝난 오스트리아와 스위스의 경기였다! 전반전에만 5 대 4였는데, 그 아홉 골이 경기 시작 24분 동안 나온 골이었다.

비난의 화살은 스위스의 수비수 로저 보케에게 쏟아졌다. 그는 마치 최면 상태에서 경기하는 것 같았다. 사실 그랬다. 경기 전에 그는 종양이 있는 것을 알게 되었으며 수술이 필요한 상황이었다. 의사는 보케에게 경기를 금지시켰다. 하지만 보케는 수술을 받으면 살 수 없을지도 모른다고 생각했으며 자신에게 마지막일지도 모르는 경기를 놓치고 싶지 않았기 때문에 어쩔 수가 없었다.

게다가 그날은 펄펄 끓는 것 같이 더운 날이었고, 경기가 끝날 때는 스위스의 골키퍼 유진 파를리에도 일사병 증세를 보였다. 경기 종료 휘슬이 울리자 파를리에는 누가 경기에서 이겼는지 동료 선수에게 물어볼 지경이었다!

 **'손가락으로 세어 보기' 상**

헝가리와 대한민국. 1954년 월드컵 경기를 보던 관중들은 좀 헷갈리긴 했겠지만 이해는 했을 것이다. 관중들은 프리킥을 찬 것보다 골이 더 많이 나오는 것을 보았다. 프리킥은 다섯 번이었지만 헝가리는 9 대 0으로 이겼다.

베른의 전투

월드컵 역사에서 가장 짜릿한 경기가 1954년 스위스 월드컵에서 열렸다. 우승 후보로 지목된 헝가리와 브라질 간의 8강 경기였다. 베른 스타디움에서 열렸기 때문에 '베른의 전투'로 알려져 있다. 경기에 관한 사실 몇 가지를 알아보자.

- 헝가리 선수 보지크가 퇴장당했다(그는 그게 대단하다고 느꼈을 게 틀림없어).
- 브라질 선수 두 명 산토스와 토치가 퇴장당했는데, 토치는 심판에게 퇴장시키지 말아 달라고 무릎을 꿇고 애원하기까지 했다!
- 페널티킥 두 번, 양 팀 각각.
- 헝가리가 4 대 2로 이겼다. 이것은 단지 경기장에서 벌어진 싸움의 결과이고, 종료 휘슬이 울린 뒤 2차전이 시작되었다!
- 경기에서 뛰고 있지 않던 헝가리 선수가 브라질 선수가 경기장을 떠날 때 물병으로 그 선수를 쳤다.
- 브라질 선수들은 즉각 선수 통로에 모여서 불을 꺼 버렸다.
- 헝가리 선수들이 경기장을 떠나고 나서 브라질 선수들은 헝가리 선수들의 탈의실로 쳐들어가서 주먹을 날렸다.
- 2차전의 결과: 무승부! 어떤 선수도 각 나라나 피파(FIFA)로부터 처벌받지 않았다.

짜릿한 궁금증: 페렌츠 푸스카스와 매직 마자르

1950년대 헝가리는 놀랄 만한 실력을 보였다. 1953년 잉글랜드는 헝가리와의 경기에서 완패했는데, 한 번이 아니라 두 번이었다. 웸블리에서 3 대 6으로 패(이것은 잉글랜드가 홈에서 치른 국가 대표 경기에서 처음으로 패한 것이다), 그다음 헝가리에서 1 대 7로 패! 헝가리 팀은 '매직 마자르(헝가리인을 구성하는 주요 민족)'로 알려졌는데, 그럴 만했다!

1950년 6월부터 1955년 11월 사이에 헝가리 팀은 쉰한 번의 경기에서 마흔세 번 승리했고, 모든 경기에서 득점을 얻었다. 총 220 득점으로, 한 게임에 평균 네 골을 기록했다. 1954년에는 딱 한 번 패배했다. 불행하게도 바로 1954년 스위스 월드컵 결승전에서! 헝가리는 경기 시작 8분 만에 골을 넣고 2 대 0으로 앞서 나가다가 2 대 3으로 독일에 패하고 말았다!

와글와글 월드컵 상식

헝가리는 조별 예선에서 독일을 8대 3으로 무찔렀다! 결승전에서 독일의 놀라운 승리 이후 이상한 소문이 퍼졌는데, 많은 독일 선수들이 경기 능력을 향상시키기 위해 약물을 복용했다는 것이었다. 완전하게 밝혀지지는 않았지만, 이후에 많은 독일 선수들은 무엇인가로부터 회복되기 위해 요양소로 보내졌다!

페렌체 푸스카스

헝가리 팀의 스타 플레이어 페렌체 푸스카스는 팀을 완전히 다르게 만든 선수다.

푸스카스는 한때 헝가리 군대의 소령이었기 때문에 '질주하는 소령'으로도 알려져 있었는데 헝가리 팀에서는 국가 대표 경기 여든네 번 동안 83 득점이라는 경이로운 기록을 세웠다!

푸스카스는 총 823번의 경기 780골을 기록했다. 이 중에서 많은 골은 스페인의 클럽 레알 마드리드에서 기록한 것이다. 푸스카스가 있는 동안 레알 마드리드는 유러피언컵에서 1회 대회부터 5회까지 연속 우승을 했다! 푸스카스가 네 골을 기록한 아인트라흐트 프랑크푸르트와의 경기에서는 7 대 3으로 승리했다.

더구나 푸스카스는 왼발만 사용했고, 오른발은 거의 사용하지 않았다는 것을 생각하면 더 놀라운 기록이다. 푸스카스가 왼발을 주로 쓰게 된 이유는 어린 시절 너무나 가난했기 때문이라고 알려져 있다. 푸스카스의 아버지는 신발 한 짝을 사 줄 돈밖에 없었다. 그 신발 한 짝이 푸스카스의 오른발에 잘 맞아서 푸스카스는 신발이 닳을까 봐 오른쪽 발로는 절대 공을 차지 않았다! 아버지가 부자여서 오른쪽 신발을 두 짝 사 줄 수 있었거나 혹은 너무나 가난해서 한 짝도 사 줄 수 없었다면 푸스카스는 골을 얼마나 넣을 수 있었을까?

'위대한 외다리 축구 선수' 상

페렌츠 푸스카스. 푸스카스의 레알 마드리드 팀 동료인 프란시스코 헨토는 푸스카스에 대해서 '그는 최고의 왼발잡이 축구 선수이다. 그는 왼발을 마치 손처럼 썼다. 샤워장에서는 왼발로 비누를 저글링하곤 했다.'고 말했다.

덜렁이 스코틀랜드, 뭔가 부족한 북아일랜드, 쩔쩔 매는 웨일즈

1950년과 1954년 월드컵 때 피파(FIFA)는 브리티시 홈 챔피언십에 참가하는 잉글랜드, 북아일랜드, 스코틀랜드, 웨일즈 중 두 나라는 월드컵 본선에 나갈 수 있게 해 주었다. 이 규칙의 단점은 네 나라 중 두 나라는 반드시 탈락한다는 점이었다. 그래서 1954년 이후 규칙이 지금처럼 바뀌어서 영국의 네 나라는 다른 나라들과 함께 유럽 지역 예선을 치르게 되었다. 그제야 네 나라는 예전의 규칙이 오히려 유리했다는 것을 알게 되었다. 적어도 두 나라는 반드시 예선을 통과할 수 있었으니까.

덜렁이 스코틀랜드: 대단하지만 불쌍해

스코틀랜드는 지역 예선전에서는 확실히 대단했다. 1950년부터 2018년까지 열여덟 번의 지역 예선에서 몇 번이나 본선에 진출했을까? **정답은? 여덟 번.**

문제는 본선에서는 썩 대단하지 않았다는 것. 본선 진출 여덟 번에, 1라운드에서 탈락한 것은 몇 번일까? **정답은? 또 여덟 번!** 스코틀랜드는 원하지 않는 100% 기록 달성!

스코틀랜드의 기록에 관한 퀴즈를 풀어 보자. 다음 팀 중에서 월드컵 본선에서 스코틀랜드 팀이 승리를 거둔 팀은 어느 팀인가? 그리고 패배한 팀은?

지역 예선 경기는 잘 통과했다. 1978년 지역 예선에서는 엄청난 행운이 따라주기까지 했다. 0 대 0으로 가장 가까운 라이벌 팀과 팽팽한 경기가 이어지고 있을 때 벌어진 일이다.

> **답** : 스코틀랜드는 오로지 뉴질랜드(5 대 2, 1982년)와 자이르(2 대 0, 1974년)에 승리를 거두었다. 다른 상대 팀에게는 모두 패하거나 무승부였다.

길게 찬 공이 상대편의 페널티 구역으로 날아갔다.

선수들이 헤딩을 하려고 뛰어올랐지만,

공은 스코틀랜드의 센터 포워드인 조 조단의 손에 맞았다.

그런데 심판은 스코틀랜드에게 페널티킥을 선언했다!

점수는 1 대 0이 되었고 스코틀랜드는 예선을 통과했다. 운이 없었던 상대 팀은? 웨일즈!

'내가 맛있지 않다고?' 상

그레임 수네스. 스코틀랜드의 미드필더이자 주장. 수네스의 팀 동료는 선수들은 늘 원하는 만큼 잘 되지는 않는다는 것을 보여 주고 있다면서 수네스에 대해 이렇게 말했다.

"자신이 초콜릿으로 만들어져 있다면 자신도 먹어 버렸을 것이다!"

쩔쩔 매는 웨일즈와 뭔가 부족한 북아일랜드

그런 말도 안 되는 행운이 아니었다면 웨일즈는 스코틀랜드를 무찌르고 1978년 본선에 진출했을 것이고, 그러면 웨일즈는 본선 진출 횟수를 2배로 늘렸을 것이다. 그렇다. 불쌍하게도 웨일즈는 1950년에서 2018년 사이 열여덟 번의 지역 예선에서 거의 완벽할 정도로 탈락한 기록을 갖고 있다. 본선 진출은 딱 한 번!

북아일랜드는 본선에 세 번 진출했으니 좀 더 나은 편이다. 1880년 잉글랜드와의 첫 국가 대표 경기에서 0 대 13으로 패한 것에 비하면 그렇게 나쁜 편은 아니다. 더구나 1887년까지는 어느 팀을 상대하든 국가 대표 경기에서 승리한 적이 없다!

북아일랜드의 경기 접근 방식은 특이했다. 1958년 주장이었던 대니 블랜치플라워는 이렇게 말했다. "우리의 전술은 상대 팀이 득점하기 전에 동점을 유지하는 것이다."

블랜치플라워의 전술은 그 해에는 확실히 효과가 있어서, 북아일랜드는 스웨덴에서 열리는 본선에 진출했다.

왁자지껄 월드컵 문제

1958년에 북아일랜드 말고 영국에서 본선에 진출한 다른 팀은?

답: 잉글랜드, 스코틀랜드 그리고 딱 한 번 진출했던 웨일즈! 맞아, 1958년에는 영국의 4개국 모두가 본선에 진출했다. 모두 잉글랜드와 스코틀랜드는 잘할 것이라고 기대하고 있었다. 북아일랜드와 웨일즈는 아무도 기대하지 않고 있었다. 하지만 생각하고는 전혀 달랐다.

1958년 대단한 브라질

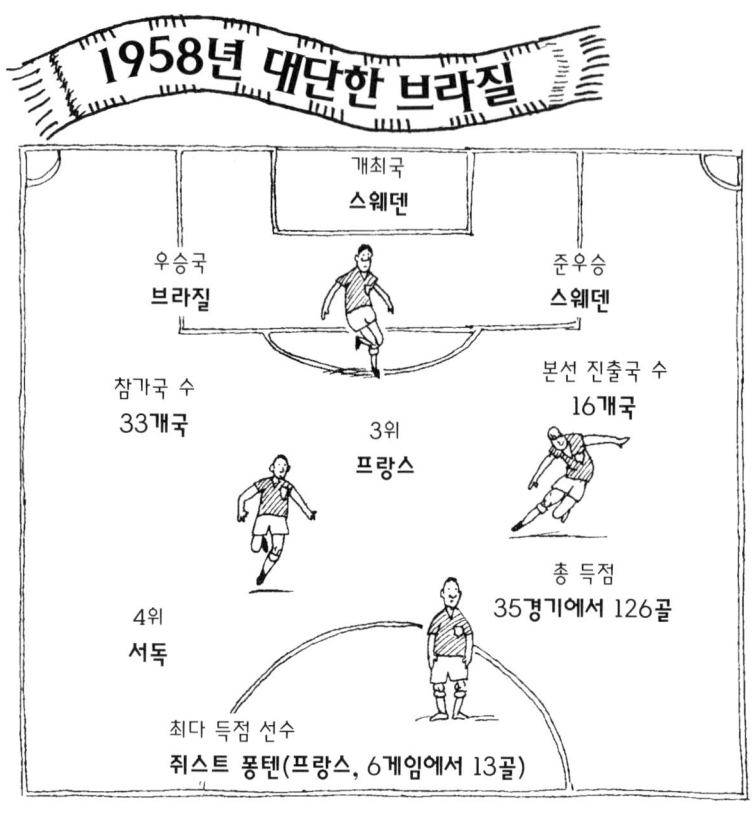

실제로는 잉글랜드와 스코틀랜드가 잘하지 못했고, 북아일랜드와 웨일즈가 해냈다. 잉글랜드와 스코틀랜드가 조별 예선을 끝으로 탈락하고 말았을 때 두 팀 모두 8강까지 진출했다.

북아일랜드는 결국 프랑스에 0 대 4로 패했는데, 프랑스에는 이번 대회 최고 득점 선수가 있었다. 쥐스트 퐁테인은 본선에서 열세 골을 기록했으며, 북아일랜드를 상대로 두 골을 넣었다. 북아일랜드의 선발 스트라이커는 운이 나빴다. 레인저스 소속 빌리 심슨은 훈련 시작 5분 만에 부상을 당해서 경기에 나설 수가 없었다!

웨일즈는 북아일랜드보다 더 잘했다. 8강전에서 0 대 1로 졌을 뿐이다. 그것도 영원한 챔피언 브라질을 상대로 말이다. 그 날 웨일즈의 영웅은 아스널에서 뛰고 있던 골키퍼 잭 켈시였다. 켈시는 운 좋게 방향이 바뀐 골로 실점하기 전까지는 모든 공을 막아 냈다.

그 후 켈시는 기자들에게 성공의 비결을 이렇게 말했다. "껌이에요. 저는 항상 껌을 씹어서 손바닥에 잘 붙여 놓죠!"

짜릿한 궁금증: 펠레와 대단한 브라질 선수들

1958년의 챔피언은 브라질이었다. 월드컵 역사상 처음으로 개최국과 다른 대륙에서 우승팀이 나왔다.

브라질은 본선에서 여섯 게임을 치르는 동안 열여섯 골을 기록했다. 브라질이 승리를 거두지 못한 팀은 잉글랜드 뿐이었는데, 조별 예선에서 0 대 0으로 비겼다(불행하게도 잉글랜드는 어느 팀에도 승리를 거두지 못했고, 그것이 탈락한 이유였다!).

결승전에서 브라질은 개최국 스웨덴에게 5 대 2로 이겼는데, 펠레라는 17세 선수가 두 골을 기록했다. 이 중에서 첫 번째 골은 최고의 골이었다. 어떻게 했는지 알려줄 테니 운동장에서 해 보자.

페널티 구역에서 윙어가 크로스를 보내
주기를 기다리며 서 있는다. 공이 날아오면
다른 선수들이 마크하기 전에 가슴으로
트래핑을 해서 공을 자신의 공으로 만들고,

공이 떨어지면 다시 잽싸게,
그 공을 잡아채려고 달려드는
수비수 머리 위로 넘겨 보내고,

공이 떨어지려고 할 때
공이 땅에 닿아 튈 때까지 기다리지 말고

공을 잡아서 발리슛으로 골인!
(이걸 제대로 하려면 수백만 번을 연습해야
한다. 제2의 펠레가 아니라면 말이다!)

놀라운 브라질 팀에 대한 상식이 몇 가지 더 있다.
- 브라질은 월드컵 본선에 한 번도 빠지지 않고 진출한 유일한 나라다.
- 우승컵을 다섯 번 받았다. 1958년, 1962년, 1970년, 1994년, 그리고 2002년.
- 1958년 브라질의 수비수 자우마 산투스는 축구 선수가 되

'무패의 팀을 이긴 팀' 상

볼리비아. 1994년 지역 예선에서 볼리비아 팀이 브라질 팀을 이겼다. 지역 예선 경기에서 브라질 팀이 진 것은 그때가 처음이었다. 브라질은 60년 동안 지역 예선전에서 패한 적이 없었다!

지 못할 뻔했다. 그의 아버지는 산투스가 무단결석을 하고 축구를 할 때 그를 붙잡아 와서 시험에 통과할 때까지 축구를 하지 못하게 했다.

- 1958년과 1962년에 브라질 팀의 놀라운 윙어 가힌샤(우리나라에서는 가린샤라고 알려져 있다)도 마찬가지였는데 이유는 더 심각했다. 어릴 때 병에 걸렸던 그는, 그것 때문에 다리가 변형되었지만 고통을 잘 극복했다. 1962년 칠레 월드컵 결승전에서 체코슬로바키아와 싸울 때는 가힌샤를 수비하던 선수가 행동을 멈추고 손을 허리에 올린 채 그가 움직이는 것을 바라보고 있을 정도였다.
- 심지어 브라질 팀은 선수가 아니어도 발이 빨랐다! 1958년 스웨덴 결승전에서 심판이 종료 휘슬을 불자, 아메리코라는 브라질 팀의 트레이너는 잽싸게 경기장 안으로 달려 들어가 기념품으로 공을 챙겨 달아났다.
- 브라질 선수들은 매우 복잡한 이름을 가지고 있었기 때문에 대부분은 별명으로 불렸다. 해설자가 '에드송 아란테 두 나시멘투가 멋진 골을 넣었습니다!'라고 하겠는가, 아니면 '펠레의 멋진 골입니다!'라고 하겠는가?

왁자지껄 월드컵 문제

처음으로 우승 메달을 받은 브라질 사람은 1934년 안필로지노 과리시였다. 그런데 1934년에 브라질은 조별 예선에서 탈락했다. 어떻게 된 걸까?

답: 과리시는 이탈리아 팀으로 뛰었다!

펠레, 브라질에서 가장 대단한 선수

펠레는 아마 세계에서 가장 유명한 축구 선수일 것이다. 펠레는 브라질 팀 소속으로 월드컵 우승 메달을 세 번 받았고, 그 외의 다른 상도 셀 수 없이 받았다. 하지만 만약 펠레가 자기 방식대로 살았다면 사람들은 펠레를 본명인 에드송 아란테 두 나시멘투라고 부르고 있을 것이다. 학교에서 친구들이 펠레라는 별명을 붙여 주었고, 그 별명이 마음에 들지 않았던 펠레는 별명으로 부르는 친구와 싸움을 벌이곤 했다. 다행스럽게도 펠레는 친구와 싸워 곤란해지기보다 별명으로 불리면서 축구에 집중하는 것이 더 낫다는 생각을 하게 되었다.

사실, 축구공이 아니라 헝겊으로 만든 공이었지만 말이다. 가난한 가정에서 태어났던 펠레는 열 살이 될 때까지 축구공을 가져 본 적이 없었고, 길거리에서 헝겊으로 만든 공을 가지고 맨발로 축구를 했다!

그 뒤 신발과 공을 갖게 되었지만 유니폼이 없었다. 펠레는 스스로 이 문제를 해결했다. 펠레의 집 근처로 수확한 콩을 화물용 수레에 실은 기차가 지나가곤 했다(브라질에서는 온갖 종류의 콩이 자란다). 당연한 일이지만, 기차가 털털거리며 지나갈 때마다 콩이 조금씩 떨어졌다. 펠레는 어떻게 했을까? 유니폼을 살 정도로 돈이 마련될 때까지 그 콩을 주워서 팔았다!

열네 살에 학교를 그만두면서 펠레는 구두 가게 견습생으로 들어갔다(펠레는 적어도 자기 신발을 만들 수 있을 만큼은 배웠다!). 하지만 끝까지 채우지는 못했다. 펠레는 이미 자신의 재능을 깨달아서, 1년 뒤 열다섯 살이 되었을 때 구두 만들기를 포기하고 브라질 리그의 클럽 산토스로 들어가서 리그에서 가장 젊은 선수가 되었다. 그리고 다음 해 열여섯 살이 되었을 때는 국가 대표에 뽑혔다!

산토스에서 펠레의 활약은 놀라웠다. 펠레는 1,114경기에서 1,090골이라는 믿을 수 없는 기록을 세웠다! 그의 1,000번째 골은 페널티킥에서 나왔다.

심판이 페널티킥을 선언했을 때 관중은 무슨 일이 일어날지 알고 있었으므로 아무도 자리를 떠나지 않았다. 경기장의 아나운서는 펠레가 킥을 하기 전에 관중들에게 이 골이 펠레의 1,000번째 골이 될 것이라고 말했다! 펠레는 브라질에서 대단한 인기를 누렸기 때문에 펠레의 업적을 기념하는 우표도 발행됐다.

펠레는 전 세계에서 인기가 있었다. 산토스 팀이 콜롬비아에서 경기할 때 심판이 사실은 산토스의 다른 선수를 퇴장시켜야 했는데, 실수로 펠레를 퇴장시킨 적이 있었다. 탈의실로 와서 신발 끈을 풀려고 할 때 펠레는 다시 불려 나갔다. 수많은 관중들이 화를 내며 관중석의 쿠션에 불을 붙여 운동장으로 던지고 있었다! 사태가 커지는 것을 막으려면 펠레가 돌아오고 주심은 나가야 했다. 주심은 다른 선심으로 바뀌었고 펠레는 경기를 마칠 수 있었다!

펠레는 브라질 국가 대표팀으로서 경기에 아흔한 번 참가했다. 그중 열네 번은 네 번의 월드컵 대회에 참가해서 치른 경기였다. 그 열네 번의 경기에서 펠레는 열두 골을 기록했으며, 심지어는 들어갈 뻔한 골도 유명한 장면으로 알려져 있다.

1970년 월드컵, 페루와 경기에서는 하프라인 근처에서 찬 공이 거의 들어갈 뻔했고, 준결승전인 우루과이와 경기에서는 이렇게 되었다. 수비수 사이로 공을 찬 후 전력 질주.

펠레는 1974년에 은퇴했지만, 1년 뒤에 다시 새로 만들어진 북미 축구 리그(NASL)의 뉴욕 코스모스 팀 선수로 돌아왔다. 코스모스 팀이 타이틀을 얻도록 한 뒤, 1977년에 드디어 영원히 은퇴를 하였다. NASL은 얼마 안 되어 무너졌다!

펠레는 1994년에 브라질의 체육장관이 되었다. 1958년 월드컵 결승전이 끝난 뒤 울음을 터뜨리던 17세 선수는 지금, 브라질을 알리는 대사 역할을 하며 전 세계를 다니고 있다.

이상한 별명들

브라질 선수들처럼 별명으로 불리는 선수들이 또 있었는데, 마찬가지로 이름이 너무 길거나 발음하기 어려웠기 때문이다. 하지만 한편으론 그들이 어떤 선수인지 묘사하려고 별명을 붙이기도 했는데, 좀 이상했다!

어느 정도 이상했는지 알고 싶다고? 그렇다면 아래에 있는 선수들의 이름과 별명을 짝지을 수 있는지 보자!

선수들

1. **가린샤**(브라질, 1958년) 빠른 윙어
2. **베니토 로렌치**(이탈리아, 1954년) 언제나 주심에게 항의를 하는 선수
3. **조르지오 게치**(이탈리아, 1954년) 미친 듯이 몸을 던지는 골키퍼
4. **레프 야신**(러시아, 1966년) 팔이 긴 골키퍼로 진흙을 묻히지 않는다.
5. **시게 팔링**(스웨덴, 1958년) 빈틈없는 수비수
6. **앨런 시어러**(잉글랜드, 1998년) 바삭바삭 스트라이커
7. **게르트 뮐러**(서독, 1970년) 빈틈없는 공격수
8. **라이언 긱스**(웨일즈, 다시 본선에 나갈 수 있다면) 다정한 젊은이

별명

A) 독약
B) 뚱보
C) 검은 문어

답 :

1-E, 2-A(1950년에 이탈리아와 스위스의 경기에서 베니토 로렌치는 심판과 너무 싸웠기 때문에 심판들은 오프사이드가 아닌데도 오프사이드를 주면서 보복했다!), 3-F(비행기에 폭탄을 싣고 일부러 적군의 전함과 충돌한 일본 조종사처럼 보인다), 4-C, 5-G, 6-H(하지만 상대 선수를 불태워서가 아니라 바삭바삭한 것을 좋아했기 때문이다), 7-B, 8-D(그가 다정했기 때문이 아니라 가장 좋아하는 음료수가 블랙베리 코디알〈과일 주스로 만들어서 물을 타 마시는 단 음료인데, 다정하다는 뜻이 있다〉이었기 때문이다)

1962년 또다시 대단한 브라질

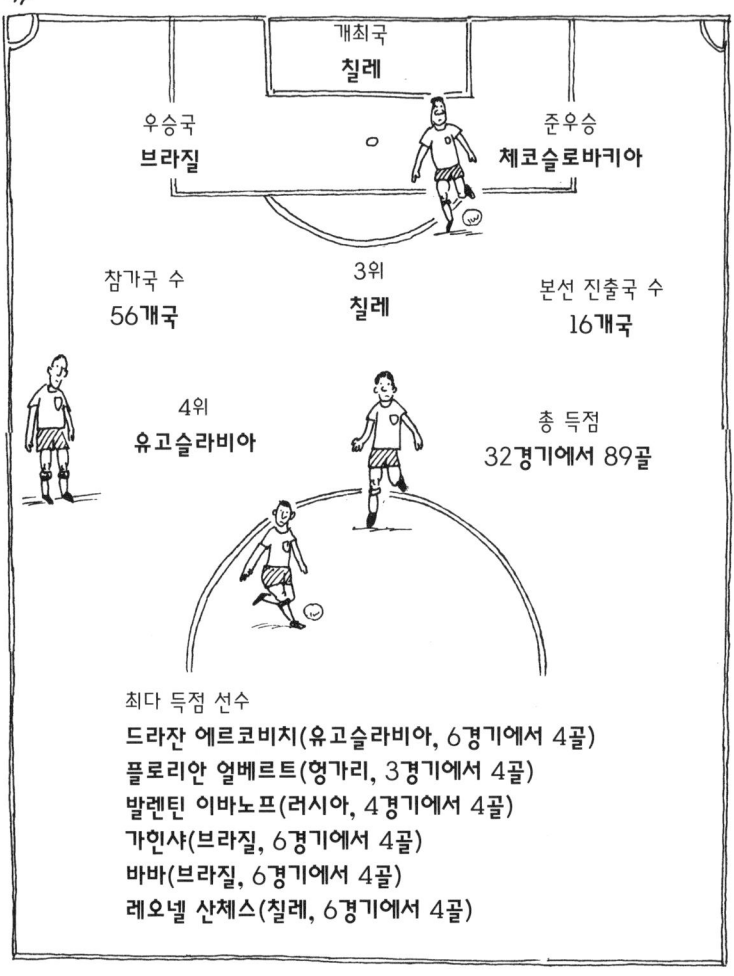

개최국
칠레

우승국
브라질

준우승
체코슬로바키아

참가국 수
56개국

3위
칠레

본선 진출국 수
16개국

4위
유고슬라비아

총 득점
32경기에서 89골

최다 득점 선수
**드라잔 에르코비치(유고슬라비아, 6경기에서 4골)
플로리안 얼베르트(헝가리, 3경기에서 4골)
발렌틴 이바노프(러시아, 4경기에서 4골)
가힌샤(브라질, 6경기에서 4골)
바바(브라질, 6경기에서 4골)
레오넬 산체스(칠레, 6경기에서 4골)**

    잉글랜드는 칠레 월드컵 본선에 진출한 유일한 영국 팀이었다. 8강까지 진출하면서 최고의 실력을 보여 주고, 영원한 승자 브라질에 1 대 3으로 패하였다(드디어 영국은 종주국으로서의 체면을 지킬 수 있게 되었다).

이 경기에서 브라질 윙어 가힌샤는 마법같은 능력을 보여 주었는데, 두 골을 넣고 한 골을 어시스트했다. 하나는 헤딩골로 자신보다 20cm나 더 큰 잉글랜드 수비수 모리스 노먼보다 더 높이 뛰어서 얻은 골이었다.

그때부터 브라질은 순풍에 돛을 단 듯이 달려가 결승전에서 체코슬로바키아를 3 대 1로 무너뜨리고 1958년에 얻은 우승 타이틀을 유지했다.

'반칙 축구공' 상

칠레. 불행하게도 칠레산 축구공은 점점 납작해지거나 바람이 빠지거나 아니면 바람이 빠지면서 납작해졌다! 심판들은 칠레 사람의 기분을 생각해서 처음에는 칠레산 공으로 경기를 시작하고 나서 경기가 처음 중단되었을 때 괜찮은 공으로 교체하곤 했다.

축구공에 관해 더 얘기하자면, 브라질의 트레이너 아메리코는 칠레에서 수집품을 두 배로 늘렸다. 스웨덴에서처럼 그는 결승전이 끝나자 전력 질주해서 심판에게서 공을 채 갔다!

축구공처럼 통통 튀는 월드컵 말, 말, 말

칠레는 준결승까지 올랐고 브라질에 2 대 4로 패했다. 준결승에 오기까지 칠레는 스위스, 소련, 이탈리아에게 승리를 거뒀다. 스위스에게 이겼을 때는 스위스 치즈를 먹었다고 말했고, 이탈리아에게 이겼을 때는 스파게티를 먹었고, 소련에게 이겼을 때는 보드카를 마셨다고 말했다. 브라질에게 이기면 커피를 마셨다고 말하려고 했으나, 브라질은 그들이 원하는 대로 해 주지 않았다.

의료 팀

잉글랜드 팀이 1962년에 축구 이외에 배운 교훈은 의사를 선수들과 함께 데려가는 것이었다. 1962년 잉글랜드 팀은 선수들은 의사도 없이 칠레로 갔고, 한 선수가 거의 목숨을 잃을 뻔했다. 세필드 웬즈데이의 수비수 피터 스완은 이질에 걸려서 수없이 화장실을 들락거렸다. 그런데 지역의 의사는 진찰을 하더니 스완에게 위장병이 있다고 진단했다. 의사는 무엇을 처방했을까? 설사약을 처방하여 스완이 더 자주 화장실을 가게 만들었다!

요즘은 거의 모든 팀이 의료 팀을 데리고 간다. 부상당한 선수를 치료하기 위해 마법의 상자를 들고 운동장으로 달려 들어가는 무대 뒤에 있는 사람들이 그들이다.

지금부터 마법의 의학 게임을 한번 해 보자. 살아남는지 잘 보자고!

물이 필요해!

1986년, 스페인의 뜨거운 태양 아래에서 잉글랜드의 후보 선수 크리스 웨들은 팀 동료를 위해서 플라스틱 물병 여섯 개를 갖고 나타났다. 바로 그때 그의 앞으로 공이 왔고, 그는 얼른 물병을 바닥에 내려놓고 수비수를 물리치고 난 뒤 물병을 다시 들고 갖다 주었다.

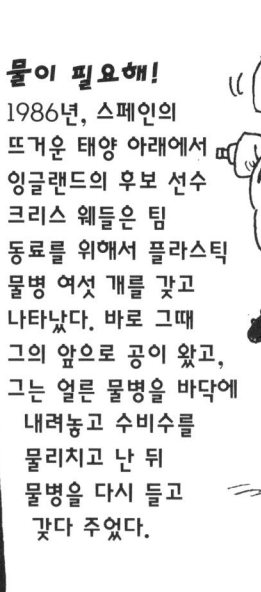

11

수술을 받고, 녀즈를 잃고, 하지만 경기에서 이기고, 게다가 다른 사람을 돕고!

1970년 우승팀인 브라질의 토스탕은 미국의 의사로부터 눈 수술을 받은 덕분에 경기를 할 수 있었다. 토스탕은 의사에게 자신의 셔츠와 메달을 주었고, 은퇴한 다음에는 의사가 되었다.

12 잠깐 발을 들어 봐

잉글랜드의 스트라이커 개리 라인커는 1990년 경기에서 발가락에 심각한 부상을 입었다. 그는 축구화를 도저히 신을 수가 없어서 슬리퍼를 신고 훈련을 했다!

79

담배를 피우면 안 돼!

드디어 모든 사람이 담배가 건강에 해롭다는 것을 알게 되었다. 담배에 대한 짜릿한 월드컵 이야기가 있다.

- 1986년 본선 진출을 준비하던 잉글랜드 팀은 보건 협회에서 진행하고 있는 '금연 캠페인'에 함께해 달라는 요청을 받았다. 감독인 보비 롭슨은 확인을 해 본 뒤 딱 한 명, 팀 닥터만 담배를 피우고 있다는 것을 알았다!
- 피파(FIFA)는 좋은 모습을 보여 주지는 않았다. 담배 회사 캐멀로부터 후원을 받았을 뿐 아니라 결승전이 열리는 멕시코 아즈테카 스타디움 밖에도 커다란 노란색 담배 모양 풍선을 띄워 놓고 있었다.

1966년 앨프의 잉글랜드 영웅들

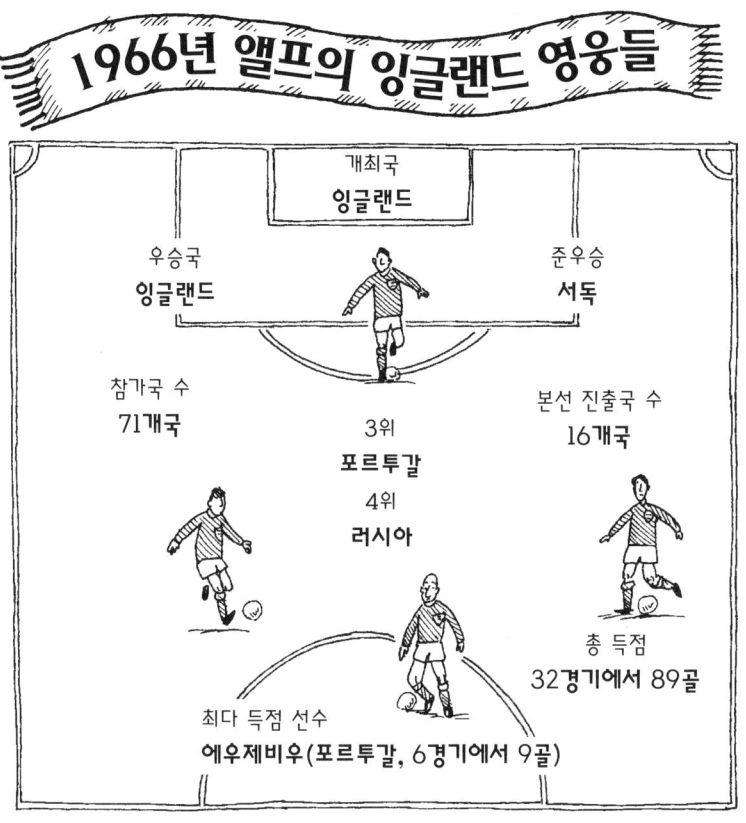

이번에는 모든 면에서 잉글랜드의 해였다. 잉글랜드 팀은 월드컵에서 우승했지만 스코틀랜드, 북아일랜드 그리고 웨일즈는 본선에 진출하지도 못했다. 잉글랜드가 어떻게 세계 챔피언이 되었는지 알아보자.

본선 시작 전

- 월드컵 본선 티켓은 자유롭게 이용할 수 있었다. 한 장으로 여러 경기를 볼 수 있는 티켓을 사기만 하면 되었다. 오늘날의 가격과 비교하면 터무니없이 쌌다. 열 번의 경기를

볼 수 있는 가장 싼 자리의 티켓 가격이 결승전까지 포함해서도 3파운드 87.5펜스였으니 한 게임에 40펜스도 안 되는 가격이었다! 가장 비싼 자리인 중앙 스탠드 좌석에서 모든 경기를 볼 수 있는 티켓도 한 경기에 2.55파운드였다!

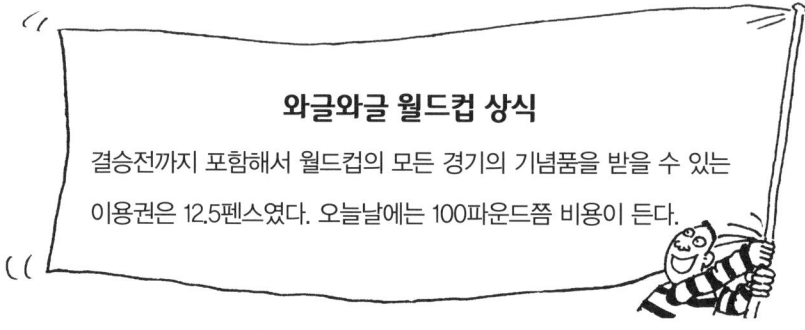

와글와글 월드컵 상식

결승전까지 포함해서 월드컵의 모든 경기의 기념품을 받을 수 있는 이용권은 12.5펜스였다. 오늘날에는 100파운드쯤 비용이 든다.

- 어느 구장에서도 구할 수 없었던 것은 유리병에 담긴 음료였다. 그것은 훌리건(스포츠에서 폭력을 휘두르는 관중이나 팬)의 위험한 행동을 막기 위해서였는데, 유리병이나 유리컵을 던지지 못하도록 음료수는 종이컵이나 단단한 종이 팩에 담아서 제공되었다.
- 잠시 동안 월드컵 경기에서 볼 수 없었던 것은 쥘 리메 컵이었다. 이 트로피는 런던 우표 전시회에 전시되는 동안 도난당했다. 경찰이 엄청나게 투입되어 수색을 펼쳤지만, 덤불 아래서 트로피를 발견한 것은 '피클즈'라는 이름의 강아지였다. 피클즈는 너무나 유명해져서 잉글랜드가 우승한

뒤 열린 화려한 축하 파티에 참석하기까지 했다. 피클즈의 주인 데이비드 코벳은 3,000파운드의 상금을 받았는데, 그것은 잉글랜드 팀 각 선수들이 받은 우승 트로피의 세 배 정도의 돈이었다.

- 경기가 진행됨에 따라 잉글랜드인 모두가 잉글랜드의 우승을 바라는 것처럼 보였다. 심지어 트로피를 훔친 도둑까지도! 에드워드 블리첼리는 법정에서 이렇게 말했다. "판결이 어떻게 내려지든 나는 잉글랜드가 우승하기를 바랍니다." 그렇다고 해서 판사가 그에게 친절을 베풀지는 않았다. 블리첼리는 징역 2년을 선고받았다!

개막 경기

- 잉글랜드의 첫 경기는 본선의 개막을 알리는 경기였으나 끔찍하게도 우루과이를 상대로 0 대 0 무승부를 기록했다. 그로부터 16년 동안 월드컵 본선 개막 경기에서는 한 골도 터지지 않았다! 다음 세 번의 월  드컵 본선 개막 경기는 모두 0 대 0으로 끝났다. 1982년 벨기에가 아르헨티나를 상대로 골을 넣으면서 기록이 깨졌다.

- 잉글랜드는 멕시코를 상대로 두 번째 경기를 치렀는데 첫 번째 경기처럼 0 대 0 무승부가 될 것 같았다. 그러자 웸블리 구장에 모여 있던 관중들이 간절하게 '우리는 골을 원한다'라고 외치기 시작했다. 거의 동시에 잉글랜드의 보비 찰턴이 중앙선 부근에서 달려와 로켓포 같은 슛을 날렸다! 잉글랜드가 2 대 0으로 승리했다.

- 조별 예선 마지막 경기는 프랑스와 치렀는데, 역시 잉글랜드가 2 대 0으로 승리했다. 이 경기에서 잉글랜드의 미드필더 나비 스틸스는 거친 태클로 반칙을 기록했는데, 심판은 경고를 주지 않았다! 스탠드에 앉아 있던 피파(FIFA) 임원이 경기가 끝난 뒤에 스틸스에게 경고를 주었다.

8강전 : 잉글랜드 대 아르헨티나

- 이 경기에서 잉글랜드는 1 대 0으로 승리했다. 아르헨티나의 주장 안토니오 라틴은 심판에게 항의하다가 퇴장당했다. 라틴은 스페인어로 항의했고 심판은 모국어인 독일어로 말했다! 하지만 라틴이 뭐라고 말했는지 못 알아들었어도 상관없었다. 심판은 나중에 '나는 라틴의 표정 때문에 퇴장시켰다.'라고 말했다.

축구공처럼 통통 튀는 월드컵 말, 말, 말

이 경기가 끝난 뒤 잉글랜드 감독 앨프 램지는 아르헨티나 선수들을 '동물들'이라고 불렀다. 그러자 강아지 주인 협회의 명예 장관인 앨런 스콧은 즉각 이렇게 말했다. "이 표현은 우리의 많은 회원들과 그들의 사랑을 받는 강아지를 모욕하는 부당한 표현이므로 강아지 세계로부터 이 단어를 분리시킬 것이다."

- 아르헨티나와의 경기에서 잉글랜드의 제프 허스트는 웨스트햄 팀의 동료인 마틴 피터스의 크로스를 받아서 잽싸게 헤딩으로 골을 넣었다. 그들은 웨스트햄 구장에서 그런 플레이를 수없이 연습했다. 실제 수비수 대신에 물통에 콘크리트를 채워서 나무를 심은 기둥을 세워 놓고!

준결승 : 잉글랜드 대 포르투갈

- 잉글랜드는 보비 찰턴이 두 골을 넣으면서 이 멋진 경기에서 2 대 1로 승리했다. 두 번째 골은 기가 막히게 멋졌다. 낮게 깔린 슛이 골대 구석으로 휘익 들어갔고, 찰턴이 중앙선으로 달려가자 감탄한 포르투갈 선수들이 그의 손을 잡고 흔들었다.

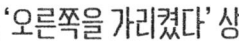 **'오른쪽을 가리켰다' 상**

골키퍼 고든 뱅크스를 제외한 모든 잉글랜드 선수들.
준결승전에서 포르투갈의 스타 스트라이커 에우제비우는 페널티킥으로 득점했다. 뱅크스는 에우제비우가 언제나 골키퍼의 오른쪽으로 공을 찬다는 것을 알고 있었다. 그래서 그의 동료들이 모두 오른쪽을 가리켰다. 에우제비우도 이것을 보고 있었으므로 그가 마음을 바꿀 것이라고 생각한 뱅크스는 왼쪽으로 몸을 날렸다. 에우제비우는 언제나처럼 오른쪽으로 찼다!

월드컵 결승전 : 잉글랜드 대 독일

- 유명한 경기. 잉글랜드는 2 대 1로 앞서다가 독일에게 동점을 허용했다. 연장전에서 제프 허스트가 찬 공이 크로스바에 맞았고, 선심은 그 공이 아래로 떨어지면서 라인을 넘었다고 주장했다. 이어서 몇 분 남지 않았을 때 허스트는 비틀거리면서 빠져나가 벼락같이 골을 넣어 해트트릭을 기록하며 4 대 2로 잉글랜드에 승리를 안겼다. 정말 놀라운 골이야, 그렇지 않아?

축구공처럼 통통 튀는 월드컵 말, 말, 말

"내가 가진 모든 힘을 다해서 가능한 세게 차려고 했어요. '만약 위로 날아간다 해도 괜찮아'라고 생각하면서요. 경기가 끝나기까지 몇 초 남지 않았다는 것을 알고 있었거든요. 웸블리의 골대 뒤쪽은 약 50야드이고, 만약 내가 공을 주차장까지 찬다면 시간이 몇 초 걸릴 테니까 경기는 끝나 버렸겠지요." _**제프 허스트**

- 이 드라마가 계속되는 동안에 웸블리 구장 사무실에서는 두 명의 형사와 샐리 엘리스라는 비서관이 트로피를 지키고 있었다. 그들은 텔레비전으로 경기를 보아야만 했다. 경기가 끝나고 나서 트로피를 수여하도록 여왕에게 트로피를 가져가기 전, 셋이서 잠깐 축배를 들 시간은 충분했다.

경기가 끝나고

- 잉글랜드 수비수 잭 찰턴은 특별한 상을 받았다. 월드컵 본선 기간 동안 무작위 약물 복용 검사에 세 번 걸렸는데, 결승전이 끝난 뒤에도 다시 뽑혔다. 이에 대한 보답으로 위원회는 찰턴에게 아기용 변기를 주었고 거기에는 이렇게 새겨져 있었다. '나라를 위해 최선을 다한 잭 찰턴에게 드립니다.'

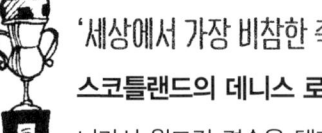

'세상에서 가장 비참한 축구 선수' 상

스코틀랜드의 데니스 로우. 로우는 잉글랜드 팀의 팬이 아니라서 월드컵 결승을 텔레비전으로 보는 것보다 골프를 하는 게 더 낫겠다고 생각했다. 클럽 하우스로 돌아와서 그는 경기를 응원하던 친구들로부터 잉글랜드가 이겼다는 이야기를 들었다. "내 인생의 가장 암담한 날이었어요." 로우의 말은 진심이었다.

미신이라고 생각해?

잉글랜드의 미드필더 노비 스타일스처럼 월드컵 우승팀으로 자만하고 있는가? 스타일스는 미신을 믿는 사람이라서 경기를 시작하기 전에 반드시 치르는 일종의 의식이 있었다. 만약 스타일스처럼 되고 싶다면 이렇게 하면 된다.

- 잉글랜드가 패하지 않았을 때 입었던 것과 같은 셔츠를 입는다.
- 똑같은 커프스(셔츠 소매에 다는 장식용 단추) 한 쌍, 똑같은 신발 끈, 같은 신발, 같은 양말.
- 같은 속옷(경기가 없을 때는 속옷을 빨 수 있다)!

유니폼을 입을 때는 다음과 같이 한다.

- 바지와 셔츠를 입는다.
- 신발 안쪽에 기름칠을 한다.
- 뜨거운 물에 발을 담근다.
- 그다음 양말과 신발을 신는다.
- 다시 셔츠를 벗고 가슴에 올리브 오일을 문지른 다음……
- 다리에 바르고,
- 셔츠를 다시 입는다. 그런 다음……

- 신발 끈을 묶고,
- 손과 얼굴에 오일을 바르고, 마지막으로 거울을 보고,
- 안경을 벗고, 콘택트 렌즈를 하고,
- 마우스피스(앞니를 보호하기 위해 착용하는 것)를 꺼내고,
- 머리를 빗는다.

그리고 나서도 아직 지치지 않았다면 경기장으로 나가서 멋지게 경기를 한다!

잉글랜드 팀에서 노비 스타일스만 그런 것이 아니었다.

- 잉글랜드 팀이 호텔에 머무를 때, 보비 찰턴과 레프트 백 레이 윌슨은 같은 방을 썼다. 둘은 가방에 짐을 싸고, 풀 때 항상 같은 순서대로 했다. 처음에는 신발, 그다음엔 이것, 다음은 저것, 다음엔 정강이 패드……
- 잭 찰턴은 나름의 방법을 잔뜩 가지고 있었다. 찰턴은 마지막 순간에 스터드를 바꾸었으며, 경기장에 마지막으로 나

갔으며, 경기장에서 몸을 푸는 시간에 골을 넣어야 했다. 이 마지막 의식은 월드컵 결승전에서 그를 곤란하게 만들었는데, 첫 번째 슛에서 골을 넣지 못했기 때문이다! 찰턴은 얼른 공을 잡아서 골대 안으로 차 넣는 의식을 치렀다!
어쨌든 이런 미신을 믿는 축구 선수들이 많군……

- 1986년 멕시코 월드컵 우승팀인 아르헨티나의 코치 카를로스 빌라르도는 확실히 그랬다. 그는 첫 번째 경기를 하기 전에 선수 중 한 명으로부터 치약을 빌렸다. 그리고 월드컵 기간 동안 똑같은 일을 계속했다. 또한 국가가 연주될 때마다 선수들이 똑같은 순서로 나와서 줄을 서게 했다.
- 잉글랜드의 앨런 시어러는 별나게도 자신의 장모가 행운의 마스코트라고 믿고 있었다. 시어러가 잉글랜드 국가 대표가 되고 나서 첫 경기에서 득점했을 때, 장모가 그 경기를 보고 있었다. 하지만 장모가 경기를 보고 있지 않았던 다음 네 경기에서 득점하지 못했다. 장모가 경기를 보러 오자 시어러는 다시 득점하기 시작했다!

1970년 열광의 브라질

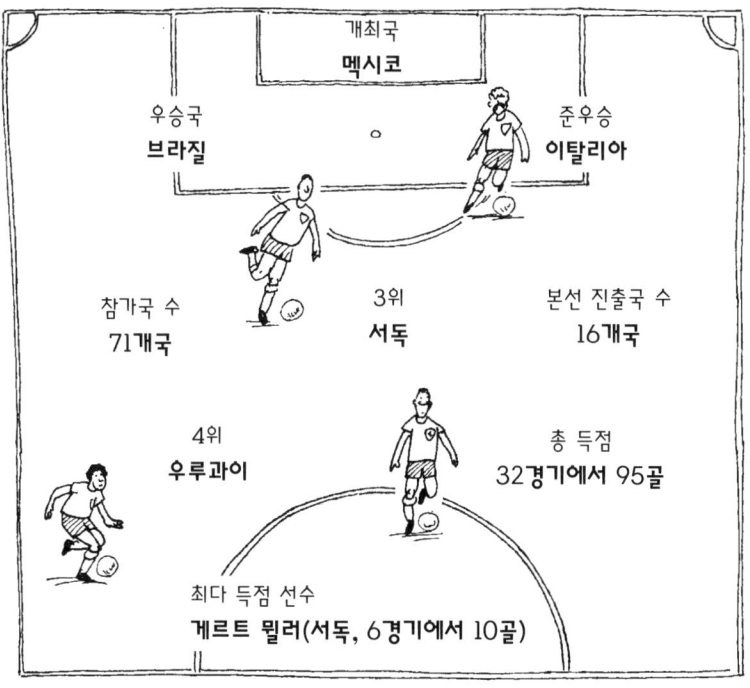

북아일랜드, 스코틀랜드, 웨일즈는 1970년 본선 진출에 실패했다. 잉글랜드는 쉽게 진출했으나 거기에는 이유가 있었다. 지난 대회 챔피언은 자동으로 본선에 진출할 수 있었다!

잉글랜드는 비록 최강 우승 후보팀 브라질과 같은 조였지만 예선을 치렀지만 8강까지 진출했다. 브라질과 잉글랜드 두 팀의 경기에서는 브라질이 1 대 0으로 승리했다. 이 경기는 잉글랜드 골키퍼 고든 뱅크스가 펠레의 공격을 잘 막아 낸 경기로 유명하다. 펠레가 헤딩한 공이 골라인 위로 떨어지고 있을 때 뱅크스는 공을 얼른 크로스바 위로 쳐 냈다!

축구공처럼 통통 튀는 월드컵 말, 말, 말

"들어갔어!" 펠레가 헤딩을 하면서 외쳤다. 펠레는 확실히 골이 들어갔다고 생각했으나, 고든 뱅크스가 그걸 쳐 냈다! 그 뒤, 축구 세계에 새로운 말이 등장했다. "영국의 은행(골키퍼 고든 뱅크스의 성 뱅크는 해석하면 은행을 뜻한다)은 안전하다!"

비록 잉글랜드는 8강전에서 독일에 패했지만 명승부였다. 고든 뱅크스는 경기에 나갈 수가 없었고, 대신 첼시 팀의 골키퍼였던 피터 보네티가 출전했다. 잉글랜드가 2 대 1로 앞서 나갈 때 감독인 앨프 램지는 다음 경기를 위해서 잉글랜드의 스타 선수였던 보비 찰턴을 다른 선수와 교체했다. 그때까지 찰턴은 독일의 주장이자 스타 선수 프란츠 베켄바워를 잘 막고 있었다(선수 교체는 1970년 멕시코 월드컵 본선에서 처음으로 허용되었다). 찰턴이 교체되면서 독일은 연장전에서 골을 넣어 3 대 2로 승리했다. 우우!

- 독일이 이탈리아와의 준결승전에서 3 대 4로 패할 때 베켄바워에게 문제가 생겼다. 후반전 마지막 무렵 팔에 부상을 입은 것이다. 하지만 독일은 이미 선수 교체를 두 번 했기 때문에 베켄바워는 팔에 붕대를 감고 연장전까지 뛰어야만 했다.

- 이탈리아는 결승전에서 브라질을 만났다. 두 나라는 세 번째로 우승을 해서 쥘 리메 컵을 영원히 가져가기를 원하고 있었다. 브라질이 4 대 1로 승리했으며, 금으로 만든 쥘 리메 컵을 브라질로 가져가서 보관하고 있었는데…….

- 아니, 영원히는 아니야. 1984년에 트로피는 도둑맞았고, 녹여졌다. 유명한 트로피는 더 이상 존재하지 않는다.

'처음에 성공하지 못한다면' 상

벨기에. 1930년에 1회 대회에 참가한 뒤 40년 만인 1970년에 처음으로 본선에서 승리를 거뒀다.

짜릿한 궁금증: 잉글랜드의 두 명의 보비

월드컵을 통해 몇몇 훌륭한 선수들이 잉글랜드 팀에 나타났다. 그중 가장 위대한 두 명의 이름이 같다. 보비 찰턴과 보비 무어.

보비 찰턴은 잉글랜드의 북동부 지역 애시턴에서 태어났다. 그리고 동네 뒷골목에서 축구를 배웠다. 찰턴은 이스트 노섬벌랜드 학교에 축구 선수로 뽑혔다. 학교 대표팀 간의 경기에서 그는 맨체스터 유나이티드 팀 스카우터의 눈에 띄었고, 그 스카우터가 맨체스터의 감독 맷 버스비에게 보고했다. "이 아이는 세계적인 선수가 될 겁니다!"

보비 무어는 약간 다른 보고서를 받았다. 런던의 이스트 앤드에서 태어난 보비 무어는 바킹 앤 레이튼 학교에서 축구를 했다. 무어가 15세일 때 웨스트햄의 스카우터 눈에 띄었다. 보고서에는 이렇게 적혀 있었다. "이 소년의 끈기와 성실함에 감동받았다." 마찬가지로 이렇게 예상했다. "그러나 그렇게 성공하지는 못할 것 같다."

맨유의 스카우터는 맞았고, 웨스트햄의 스카우터는 틀렸다. 두 선수는 즉시 누구나가 알아보는 세계적인 스타가 되었다. 찰턴은 휙 꺾이면서 총알같이 빠른 슛과 대머리로 유명했으며, 무어는 금발머리와 침착한 수비, 깔끔한 모습으로 유명했다(웨스트햄에서 경기할 때 무어는 종종 셔츠도 다림질을 해서, 셔츠 앞부분에도 바지처럼 주름이 잡혀 있었다!).

보비 찰턴은 19세에 팀에 들어온 뒤 쭉 맨체스터 유나이티드에서만 선수 생활을 했다. 2년 만에 선수 생활이 끝날 수도 있었지만 운명이 그를 구했다. 유로피언컵 경기에서 돌아오는 길에 선수들을 실은 비행기가 뮌헨 공항을 이륙하다가 추락하는 사고가 났다. 여덟 명의 맨유 선수를 포함 스물세 명이 사망했지만 보비 찰턴은 긁힌 자국도 거의 없이 걸어 나왔다. 사고 다음에도 찰턴은 경기에서 뛰어난 모습으로 맨유의 중심 선수로 자리 잡았다.

보비 무어는 웨스트햄의 젊은 주장이 되었다. 그리고 스물세 살의 나이에 잉글랜드 팀 주장이 되었다. 무어는 뛰어난 수비수였고, 펠레는 자신이 만났던 선수 중에서 무어를 가장 까다로운 선수로 평가했다. 무어는 골을 많이 넣는 선수는 아니었는데, 골을 넣었을 때 그의 반응은 어땠을까? 동료들이 기뻐서 그를 끌어안으려고 해도 그는 뒤돌아서 중앙선으로 달려갈 뿐이었다.

보비 찰턴의 반응은 달랐다. 그는 로켓 같은 슛이 골대의 그물을 맞히면 펄쩍 뛰어오르며 소리를 지르곤 했다. "그녀가 거기 있어!" 찰턴은 맨체스터 유나이티드에 있는 동안 리그 경기, 유러피언컵 대회 등 758번의 경기에서 249골을 기록했다.

보비 찰턴이 기록한 골 중에서 자신의 형 잭이 뛰고 있던 리즈 유나이티드를 상대로 한 것은 하나도 없었다. 잭은 거친 수비수였고, 둘의 엄마 시시는 두 형제가 서로 다른 팀에서 뛰게 되자 잭에게 보비를 차지 말라고 주의를 주곤 했다. 하지만 한 번은 보비가 잭이 뒤쪽에 있을 때 묘기를 부렸다. 보비가 공을 몰고 달려가자 쫓아가던 잭이 이렇게 소리쳤다. "골 넣을 생각은 하지도 마!"

1970년 월드컵 본선에서 두 선수를 마지막으로 볼 수 있었다. 1966년에 잉글랜드에 우승 트로피를 안긴 주장 보비 무어는, 1970년 월드컵에서는 하마터면 함께하지 못할 뻔했다. 콜롬비아와 친선 경기를 하기 전 멕시코로 가는 길에 무어는 무슨 일인지 보고타의 보석 가게에서 팔찌를 훔친 혐의를 받아 체포되었다. 다행히 이틀 뒤에 풀려났고, 팀에 합류했다. 조사가 이루어진 후에 알려진 것은 콜롬비아를 방문한 다른 유명 인사들, 가수부터 투우사까지도 비슷한 일을 당했다는 것! 결국 2년 뒤에 당사자들이 음모 혐의로 기소되었다. 경찰은 잉글랜드 선수들이 하는 말을 들었어야 했다. "팔찌를 훔쳐요? 보비가 보석을 갖고 싶었다면 그 가게를 통째로 살 수도 있을 텐데요!"

보비 무어는 선수 생활 동안 108번의 국가 대표 경기 출전이라는 엄청난 기록을 남겼다. 보비 찰턴은 1970년 본선을 마치고 은퇴했다. 찰턴은 잉글랜드 대표팀으로 106번 출전했다. 그가 국가 대표 경기에서 기록한 49 득점은 웨인 루니가 갖고 있는 50 득점 다음으로 좋은 기록이다.

센추리 클럽(FIFA가 공인하는 A매치 경기에 100번 이상 참가한 선수들의 그룹, 실제 어떤 모임이 이루어지는 것은 아니다.)

찰턴과 무어는 국가 대표 경기 100번 이상 참가라는 기록을 세웠다. 하지만 둘의 기록이 최초는 아니고, 둘 다 대표팀 출전 최고 기록 보유자는 아니다.

빌리 라이트는 대표팀 경기 100번 출전의 기록을 처음으로 세웠는데 모두 105번 출전했다. 그는 잉글랜드 팀의 주장이었고, 1950년과 1954년 월드컵 본선에서 뛰었다. 놀라운 수비수로서 클럽 경기(울버햄턴 원더러스)에서든 국가 대표 경기에서든 결코 반칙을 하지 않았다!

피터 쉴턴은 국가 대표 경기 125회 출전이라는 최고 기록을 가지고 있다. 그는 1982년, 1986년, 1990년, 세 번의 월드컵에 잉글랜드 팀으로 참가했다. 또한 리그 경기는 1,000번 이상 출전 기록을 가지고 있다.

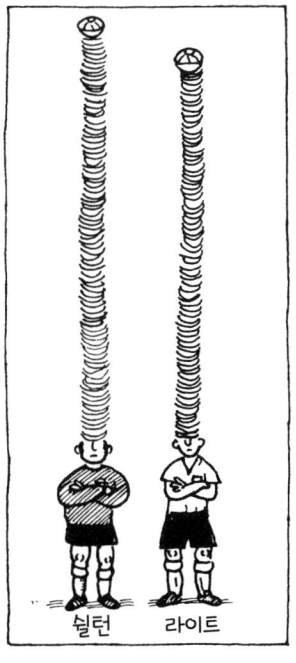
쉴턴 라이트

데이비드 베컴, 애슐리 콜, 스티븐 제라드, 프랭크 램파드, 그리고 **웨인 루니**는 최근 센추리 클럽에 합류한 선수들이다. 축하의 뜻으로 각 선수들은 특별히 금으로 제작해 유리 케이스에 담긴 모자를 받았다.

그리 대단하지 않다

대단하지 않다면 어떤 축구 선수라도 국가 대표로 뽑히지는 않는다. 하지만 잉글랜드 팀에 선발된 선수라고 해서 언제나 대단한 인상을 남기는 것은 아니다.

- **비브 앤더슨(노팅엄 포리스트)**은 1982년과 1986년 월드컵 본선에 참가하였으나 한 경기에도 출전하지 못했다.
- **필 닐(리버풀)**은 공도 한 번 차 보지 못했다. 프랑스와의 경기에서 몇 초 남지 않았을 때 교체되어서 프리킥을 찰 준비를 하고 있었는데, 심판이 종료 휘슬을 불어 버렸다!
- **케빈 헥터(카운티 더비)**는 월드컵 지역 예선전 폴란드와의 경기에 90초간 뛰었다. 1974년 본선에 진출하기 위해서 잉글랜드는 이 경기를 이겨야만 했다. 그는 골대를 맞혔고, 잉글랜드는 1 대 1로 비겨서 본선 진출에 실패했다. 그는 딱 한 번 더 국가 대표로 뽑혔다.

1974년 영리한 독일

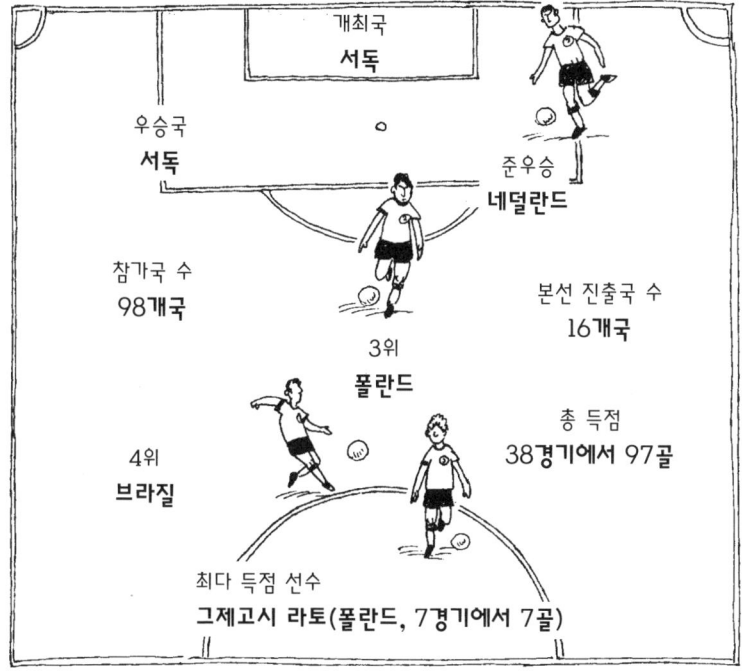

1974년 스코틀랜드는 영국의 네 나라 중 유일하게 본선에 진출했다. 스코틀랜드는 이상한 조별 예선 경기를 치렀다.

기록: 본선 진출 16개 팀 중에서 무패를 기록한 유일한 나라
결과: 탈락!

그렇다. 비록 한 경기에서 이기고, 두 경기를 비겼지만 스코틀랜드는 골득실 차로 조 3위를 기록했다.

이번 대회 우승 후보팀은 요한 크루이프가 주장을 맡고 있는 멋쟁이 네덜란드 팀이었다. 크루이프는 자신을 마크하는 수비수를 제치는 속임수를 잘 썼다. 한번 해 보자. 속임수는 이렇게 쓰면 된다.

공이 발 사이에 있을 때 옆으로 돌면 왼팔이 수비수를 막는 것처럼 된다.

그러고 나서 왼쪽에 있는 수비수의 반대쪽으로 공을 보낸다. (이게 어렵다!)

공을 오른발 안쪽으로 휙 돌리면 공은 발 사이로 굴러가면서 수비수를 지나가게 된다.

수비수가 공이 어디 갔는지 어리둥절해 하고 있을 때 휙 돌아서 공을 몰고 간다.

와글와글 월드컵 상식

1974년 결승전 시작은 좀 늦춰졌다. 왜냐하면 모두가 경기장 구석에 깃대 세우는 것을 잊었기 때문이다.

　1974년 네덜란드와 서독의 경기는 월드컵 역사상 가장 놀랍게 시작한 경기였다. 네덜란드가 킥오프(경기 시작 때 중앙선에서 공을 차는 것)를 했고 크루이프에게 공이 오기까지 열여섯 번의 패스가 이루어졌다. 그는 독일의 페널티 구역까지 뛰어가 파울을 당했다. 네덜란드는 페널티킥을 얻어서 2분 만에 득점에 성공했다! 하지만 독일이 2대 1로 역전승을 거뒀다.

이 결승전에는 잉글랜드 대표도 출전했다. 심판으로! 1분 만에 네덜란드에게 페널티킥을 준 사람, 그는 바로 잉글랜드의 심판 잭 테일러였다.

'첫 번째 월드컵 트로피(또다시) 보유자' 상

실비오 가자니는 이탈리아 조각가로, 쥘 리메 컵에 이어 1974년 월드컵에 쓸 트로피 제작을 위한 국제 공모전에 뽑힌 조각가이다. 이 트로피는 피파(FIFA) 컵이라고 불린다. 36cm 높이에 18k의 금 6kg으로, 두 남자가 지구를 떠받치고 있는 모양이다. 이 트로피는 2038년까지만 제작될 것이다. 왜냐하면 그 이후에는 바닥에 우승자의 이름을 새겨 넣을 자리가 없기 때문이다!

짜릿한 궁금증: '카이저 프란츠'와 독일

월드컵에서 독일의 종합 성적은 멈추지 않는 성공 사례 중의 하나이다. 사실을 확인해 보자.

- 독일은 우승 트로피를 네 번(1954년, 1974년, 1990년, 2014년) 거머쥐었고, 준우승 네 번(1966년, 1982년, 1986년, 2002년) 그리고 4강에 다섯 번(1934년, 1958년, 1970년, 2006년, 2010년) 진출했다.
- 1963년까지 프로 축구 선수가 없었지만 국가 대표팀 성적은 나쁘지 않았다!
- 독일은 월드컵에 참가하기만 하면 모두 본선에 진출했다. 1930년에는 참가하지 않았고, 제2차 세계 대전 이후인 1946년에 피파(FIFA) 회원 자격이 박탈되어서 1950년에는

출전할 수가 없었다. 이 두 대회에 참가했다면 이 때도 독일이 승리했을지도 모르는 일!

- 1950년과 1990년 사이에 독일 팀은 실제로 동독과 서독 두 팀이었다. 전쟁 뒤 두 나라로 갈라졌기 때문이다. 서독 팀은 나라의 반쪽에서만 선수를 선발할 수 있었는데도 성공적이었다!
- 월드컵에서 동독의 기록은 별 볼 일이 없었다. 하지만 1974년에 그들에게 마법 같은 순간이 찾아왔다. 본선에 진출하여 서독과 같은 조에 편성되었고, 서독을 1 대 0으로 물리쳤다!
- 현재 독일은 통일이 되어 다시 하나의 독일 팀이 되었다. 하나의 독일 팀으로 1994년 대회에 참가했지만 8강까지 진출했을 뿐이다. 16년 만에 최악의 성적이었다.

와글와글 월드컵 상식

독일의 스트라이커 게르트 뮐러는 62경기에서 68골을 기록했다. 대부분의 스트라이커는 친선 경기에서 골을 넣음으로써 기록을 쌓아 나간다. 하지만 뮐러는 그렇지 않았다. 뮐러의 득점은 거의 유러피언챔피언십이나 월드컵 경기에서 나왔다.

프란츠 베켄바워

수습 보험 판매원에서 독일의 '황제'까지, 1974년 독일 팀의 주장이었던 프란츠 베켄바워의 이야기이다. 월드컵 최고 선수들 중에서도 프란츠 베켄바워는 특별하다. 베켄바워는 선수로서도 감독으로서도 성공한 유일한 인물이다.

17세의 나이에 베켄바워는 보험 회사를 그만두고 독일의 클럽 바이에른 뮌헨에서 프로 선수 생활을 시작했다. 레프트 윙으로 19세에 데뷔했다. 하지만 프란츠 베켄바워

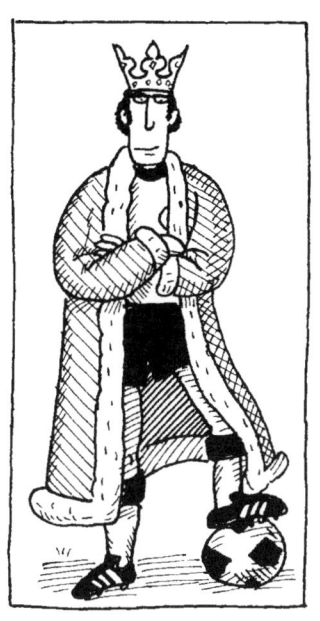

가 독일 팬에게 카이저(황제라는 뜻)로 불릴 정도로 유명해진 것은 윙어로서는 아니었다. 베켄바워가 스스로 만들어 낸 포지션은 공격형 스위퍼였다.

완전히 새로운 경기 스타일을 만들어 냈다고 주장할 수 있는 선수는 많지 않은데, 바로 프란츠 베켄바워가 그랬다. 베켄바워가 새로운 스타일을 만들어 내기 전까지 중앙 수비수들은 공이 오면 보통 두 가지 방법 중에서 하나를 선택했다.

–관중석 안에 떨어지게 찬다.

–관중석 위로 날아가게 찬다.

베켄바워는 갑자기 공격할 수 있는 수비수가 어떤 포워드보다 경기의 승리에 큰 역할을 할 수 있다는 것을 보여 주었다. 베켄바워는 많은 득점을 하였는데, 대표적인 예가 1966년 스위스와의 경기이다. 기회가 있다면 이것을 시도해 보자.

프란츠 베켄바워는 먼 거리에서도 공을 골대 안으로 차 넣을 수 있었다. 잉글랜드 팀에게 물어보자. 베켄바워는 1970년에 잉글랜드를 상대로 득점을 기록했다.

클럽 팀에서도 국가 대표팀에서도 주장을 맡은 베켄바워는 대표팀에서 103경기를 마칠 때까지 주장이었다.

그리고 나서는? 미국에서 몇 년 선수로 활동했고, 독일의 감독으로 다시 돌아와서는 또 성공 시작!

베켄바워의 지도 아래 독일은 두 번 결승전에 진출했다. 1986년에는 졌지만 1990년에는 우승을 차지해서, 베켄바워는 선수와 감독으로 동시에 우승을 차지한 첫 번째 인물이 되었다.

1978년 말도 많고 탈도 많은 아르헨티나

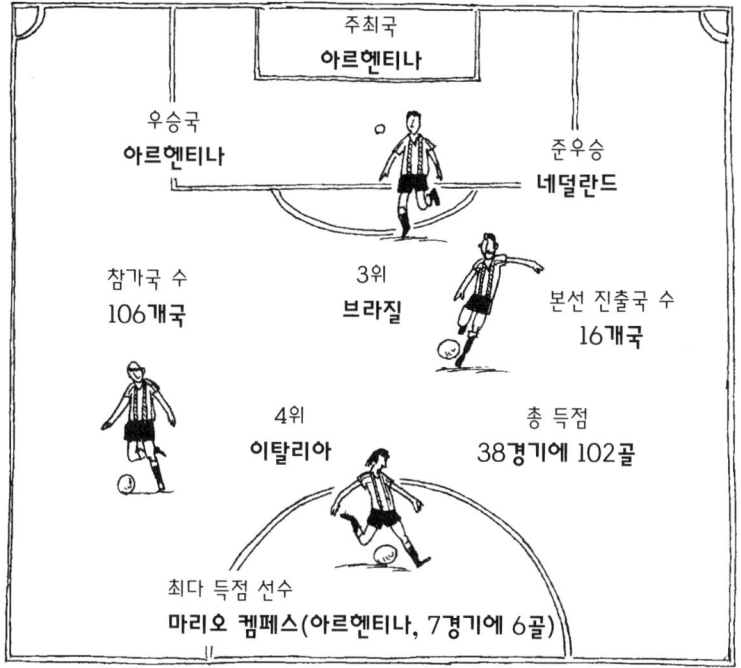

영국의 네 팀에게 1978년은 1974년과 같아 보였다. 오직 스코틀랜드만이 지역 예선을 통과하여 아르헨티나로 갔지만 또다시 조별 예선을 통과하지 못했다.

사실 스코틀랜드 팀은 전혀 행복한 시간을 갖지 못했다. 심지어 연습도 제대로 할 수가 없었다. 한 선수가 투덜거렸다. "연습하러 운동장까지 가는 데도 한 시간이 걸리고, 잔디는 소도 먹기 싫어할 정도로 상태가 안 좋아!"

설상가상으로 첫 시합에서 페루에게 1 대 3으로 패한 뒤, 스코틀랜드의 윙어인 윌리 존스톤이 약물 검사를 통과하지 못했다. 그는 각성제를 복용해서 집으로 보내졌다.

축구공처럼 통통 튀는 월드컵 말, 말, 말

"각성제라고?" 경기 전에 각성제 두 알을 복용한 것을 인정한 스코틀랜드 윌리 존스톤의 팬이 말했다. "나는 그것이 신경안정제라고 생각했어!"

대회에서 스코틀랜드의 유일한 성공은 네덜란드를 3 대 2로 이긴 것이다. 네덜란드는 결승전까지 진출했다. 그들을 결승전으로 진출시킨 경기는 이탈리아와의 경기였다. 네덜란드의 수비수 어니 브란츠에게 이 경기는 재앙이 될 뻔했다.

18분만에 브란츠는 자책골을 기록했다.

- 동시에 골키퍼는 부상을 입어 교체되었다!
- 30분 뒤에 브란츠는 다시 득점했다.
- 이번에는 이탈리아의 골대로 넣었고 점수는 1 대 1이 되었다.
- 네덜란드는 2 대 1로 승리하였다.

축구공처럼 통통 튀는 월드컵 말, 말, 말

1978년의 경기는 주최국 아르헨티나가 특혜를 받았다고 널리 알려져 있다. 이탈리아 클럽 유벤투스의 감독 지오반니 트라파토니는 이렇게 말했다. "만약 대회가 다른 어딘가에서 열렸다면, 아르헨티나는 조별 예선도 통과하지 못했을 거야!"

아르헨티나는 여러 논란을 일으키며 결승전까지 갔다. 1978년에 2라운드는 토너먼트 방식이 아니라 조별 리그 방식으로서, 각 조에서 1위 팀이 결승전에 진출했다. 아르헨티나는 마지막 조별 경기에서 페루를 적어도 4 대 0으로 이겨야 했다. 아니면 브라질이 결승전에 진출할 상황이었다. 어떻게 되었냐고? 놀랍게도 아르헨티나가 6 대 0으로 이겼다! 그 뒤 아르헨티나 정부가 페루 선수들을 매수하여 지게 만들었다는 주장이 있었다. 앙갚음이라도 하듯이 어느 아르헨티나 신문은 브라질도 페루 팀이 경기를 잘하면 무엇인가를 주기로 했다고 주장했다!

결승전이 열리지 않을 뻔했다

아르헨티나가 뇌물을 주었다는 혐의는 사실인지 아닌지 모르겠지만 이상한 작전을 쓴 것은 확실하다.

- 네덜란드가 탈의실에서 먼저 나가 많은 군중 앞에서 야유를 받는 동안 아르헨티나 팀은 몇 분 동안 탈의실에 더 머물러 있었다.
- 그리고 경기가 시작되자마자 아르헨티나 팀은 네덜란드의 레네 판 더 케르크호프가 하고 있는 깁스가 위험하다고 항의했다(케르크호프는 이전부터 계속 깁스를 하고 경기를 했는데 말이다). 이 문제는 네덜란드 선수들이 자신들은 갈 테니 아르헨티나 혼자서 경기하라고 겁을 주고서야 해결이 되었

다! 네덜란드는 그러는 게 좋았을지도 모른다. 아르헨티나가 3 대 1로 이겼다!

끔찍한 텔레비전

1930년 월드컵 대회는 434,500명이 관람했고, 텔레비전 시청자는 한 명도 없었다! 이 당시에는 텔레비전으로 중계가 불가능했다. 지금은 텔레비전 시청자가 어마어마하다. 브라질에서 열린 2014년 월드컵 경기의 결승전은 적어도 1억 명이 시청했다! 하지만 월드컵 경기를 텔레비전으로 보는 것에 항상 좋은 점만 있을까? 이상한 TV 퀴즈를 통해 알아보자!

1. 1994년, 러시아 경찰관은 경기가 TV에 중계되자 좋아했다. 왜 그랬을까?
2. 1978년, 이탈리아 팀과 잉글랜드 팀은 오후에 지역 예선 경기를 치르고 있었는데, 이탈리아와 영국 TV 어디에서도 감히 경기를 생중계할 생각을 하지 못했다. 왜 그랬을까?
3. 1986년 멕시코에서 열린 본선 경기에서 선수들은 TV로 경기가 중계되는 걸 좋아하지 않았다. 왜 그랬을까?
4. 1994년에 태국의 보안 요원은 경기를 보는 대신에 TV를 꺼 놓기를 원했는데, 왜일까?

5. 한 프랑스인은 1982년에 TV로 경기를 보고 싶어 했다. 하지만 그의 아내는 이야기하기를 원했다. 어떻게 되었을까?

6. 1986년에 심판은 TV에 많이 나오지 않았다. 왜 그랬을까?

7. 방글라데시 국민은 1990년에 TV 중계가 되지 않자 무슨 일을 벌였을까?

8. 카르툼에서는 시청자들이 볼 수 있도록 전기 회사가 TV 화면에 안내문을 띄워 놓곤 했는데, 어떤 방법으로든지 전기를 절약하지 않으면 전력을 차단하겠다는 안내문이었다. 무슨 일이 일어났을까?

9. 독일의 두 사람은 1994년에 독일과 불가리아의 경기가 중계되자 기뻐했다. 비록 둘은 그 경기를 보고 싶어 하지 않았지만. 왜 그랬을까?

10. 마침내 2010년, 북한 정부는 TV가 켜져서 좋아했지만 단지 한 팀만 경기를 하고 있었다. 어느 팀일까?

답:

1. 사기꾼들이 경기를 보려고 집에 있었기 때문에 범죄율이 70%나 떨어졌다.
2. 경기 중계를 하면 너무 많은 사람이 일을 쉬고 경기를 볼 것이라고 생각했다.
3. TV 회사가 전 세계적으로 시청자를 가장 많이 모을 수 있을 것이라고 말했던 그 시간은 멕시코에서는 가장 더운 시간이었다. TV 대신 선수들이 열을 받아 버렸다.
4. 그가 경기를 보는 동안 은행 강도들이 돈으로 가득 찬 금고를 가지고 나갔다.
5. 발사된 것은 총이었다. 부인은 남편이 아무 대답도 하지 않는 것이 너무나 화가 나서 남편을 총으로 쏘아 버렸다. 죽음의 슛(슛과 발사는 같은 SHOOT)에 대해서 말해 봐!
6. 심판이 '타임'을 외치면 방송에서는 경기 중단 시간에 포함되었다. 이것은 TV 회사에 지불하는 위성 사용료를 절약하기 위해 피파(FIFA)가 시켰다는 주장이 있다.
7. 그들은 폭동을 일으켰다. 정전 때문에 TV가 나오지 않자 모든 사람이 밖으로 나가서 전기 회사를 공격했다.
8. 모든 사람이 TV를 빼고 모든 전기를 꺼 버렸기 때문에 도시 전체가 캄캄해졌다.
9. 그들은 죄수였고, 간수들이 경기를 보는 동안 침대 시트를 이용해서 감방에서 탈출하느라 너무 바빴다.
10. 북한. 북한의 지도자 김정일은 북한 팀 경기만 중계하도록 허락했고, 언제나 북한 팀이 좀 더 잘하는 팀으로 보이도록 편집을 했다! 하지만 그들은 짧은 방송을 해야만 했다. 북한은 포르투갈에 0 대 7로 패한 것을 포함해 모든 경기에서 졌다.

이상한 말들

텔레비전 카메라가 있는 곳이라면 어디든 자기 생각을 말하려는 끔찍한 해설자와 불쌍한 전문가로 이루어진 패널을 발견하게 될 것이다. 적어도 1970년 이후에는 그랬다. 그때가 바로 텔레비전으로 월드컵 중계가 시작된 때이다.

패널은 세 명으로 시작되었다. 맨체스터 유나이티드와 스코틀랜드 선수였던 팻 크레란트, 맨체스터 시티의 감독이었던 맬콤 앨리슨 그리고 울버햄스턴 원더러스와 북아일랜드 팀의 선수였던 데렉 더건이다.

잉글랜드가 탈락하고 나서 잉글랜드 팀 선수이기도 했던 아스날의 밥 맥냅이 멕시코에서 돌아와 패널로 합류했다. 그때쯤이면 다른 세 패널은 말하는 것에 익숙해져 있을 때라, 불쌍한 맥냅은 한마디도 끼어들 수가 없었다. 텔레비전 피디는 맥냅에게 작은 깃발을 하나 주면서 이 문제를 해결했다. 맥냅이 그 깃발을 펄럭거리면 다른 사람들은 조용히 해야만 했다!

말을 안 했으면 더 좋았을 사람들이 어떤 이상한 말을 했는지 보자.

• 1994년 대회에서 한 선수가 경기 도중 프리킥을 하기 위해

자세를 잡자 BBC의 전문가 트레버 브루킹은 이렇게 말했다.

- 같은 대회에서 브루킹과 같이 BBC에서 해설을 하던 존 못슨은 어떤 경기 전에 이런 말을 했다.

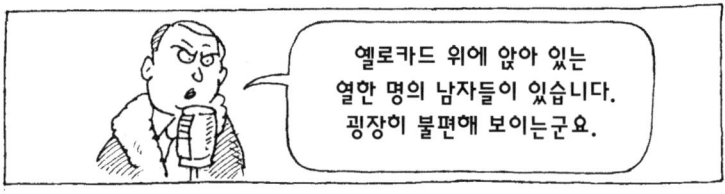

- 해설자들은 굉장히 쉽게 흥분한다. 노르웨이가 1982년에 지역 예선전에서 잉글랜드를 이겼을 때, 노르웨이 해설자는 목청껏 소리를 지르고 완전히 제정신이 아니었다.

- 어떤 선수도 비난을 피할 수는 없었다. 브라질 선수라 해도 말이다. 1982년에 한 축구 평론가는 세르지뉴의 볼 다루는 방법을 무시하듯이 이렇게 말했다.

세르지뉴가 교체되자 똑같은 축구 평론가는 기뻐하며 이렇게 말했다.

- 적어도 그 평론가는 자신이 누구에 대해 투덜거리는지는 알고 있었다. 어떤 해설자는 그렇지도 못했다. 스코틀랜드 해설자 밥 크램시와 이안 아처는 스코틀랜드와 불가리아의 경기를 중계하고 있었는데, 크램시는 자신이 불가리아의 어떤 선수 이름을 모른다는 걸 깨달았다.

'검은 눈' 상

BBC 트레버 브루킹. 1996년 잉글랜드와 조지아의 지역 예선 경기 전에 두 나라의 언론 팀은 친선 경기를 가졌다. 그 경기에서 잉글랜드의 전 스타 선수 트레버 브루킹은 심각한 파울을 당한 뒤 불평을 하다가 눈을 얻어맞았다! 브루킹은 잉글랜드와 조지아의 진짜 경기가 열릴 때 해설을 할 수 있도록 눈썹 부분을 꿰매야만 했다!

- 1994년 누군가가 브라질 선수 로마리오와 베베토가 1970년의 브라질 팀에 들어갈 수 있겠는지를 물었을 때, 1970년 브라질 팀 주장이었던 카를로스 알베르토는 이렇게 말했다.

- 다시 1994년, 월드컵 본선에 처음 진출한 사우디아라비아가 모로코를 상대로 놀라운 승리를 거두었을 때, 미드필더 푸아드 아민은 자랑스럽게 말했다.

그는 모로코도 역시 아랍의 한 나라라는 것을 잊은 듯했다!

무례한 신문들

나쁜 말로는 신문을 당할 수가 없다!

- 한 신문에서 전 잉글랜드 감독 그레이엄 테일러에게 '순무(turnip)'라는 별명을 붙였다. 그 뒤 잉글랜드 팀이 유러피언 챔피언십에서 스웨덴에게 패하자 제목은 스웨덴 2 순무 1이었다.

- 1966년 성공적인 잉글랜드 팀의 감독이었던 알프 램지는 신문에 이렇게 썼다. 글렌 하들, 피터, 리드, 윌킨스 그리고 존 반스는 1992년 월드컵 예선에 뽑힐 정도가 아니다. 며칠 뒤에 그는 다른 신문에 그가 꾸리고 싶은 국가 대표 명단에 하들, 리드, 윌킨스, 그리고 반스를 집어넣었다!

- 이집트의 카말 알 간주리 총리는 이집트 팀에 대한 기사가 신문에 실리지 않도록 노력했다. 1997년 지역 예선에서 가나에게 패한 것에 대단히 화가 난 총리는 신문사에 남은 예선 경기에 대해서 아무것도 기사로 내지 말라고 요구했다. 그의 계획은 완전히 실패로 돌아갔다. 이집트의 가장 큰 신문사는 신문 1면 두 단에 걸쳐서 대문짝만 한 기사를 냈다.

축구공처럼 통통 튀는 월드컵 말, 말, 말

선수들이 모두 언론과 이야기하지는 않았다. 마케도니아 국가 대표 밀레 리스토프스키는 잉글랜드에 있는 클럽에서 뛰고 싶어 했다. 그는 몇몇 클럽에 직접 자신의 능력을 알리는 편지를 썼다. "나는 축구에 뛰어난 재능을 가지고 있는 사람입니다. 상대 선수들은 전혀 기회를 얻을 수 없었습니다."라고 시작되는 편지를 쓰고는 이렇게 끝맺었다. "자랑은 아니지만 나는 매우 겸손한 사람이라는 것을 강조하고 싶습니다." 말할 필요도 없이 편지는 신문에 보도되었다.

1982년 기발한 이탈리아

 이번 대회는 조 배정을 결정하는 추첨 행사부터 조짐이 좋지 않았다. 조 추첨은 나라 이름을 적은 종이가 든 작은 축구공을 통에서 뽑는 방식이었다. 운 나쁘게도 공 몇 개가 다른 통으로 들어갔다. 그래서 첫 번째 나라들은 다른 조로 들어가야 했다. 더구나 공이 하나 깨져 추첨하려는 공이 나오지 못해서 억지로 꺼내야만 했다!

 잉글랜드, 스코틀랜드, 북아일랜드는 본선에 진출했다. 스코틀랜드는 평소 실력을 보여 주었으나 본선 1라운드를 통과하는 데는 실패했다(1982년 대회는 각 조 네 팀 여섯 개 조가 1라운드 리그전을 거쳐서 1, 2위 팀이 2라운드로 진출하였고, 2라운드에서 각 조 세 팀 네 개 조가 다시 리그전을 하여 1위 팀이 4강에 진출하는 방식이었다). 잉글랜드와 북아일랜드는 2라운드까지 진출했다. 그래도 두 팀은 뭔가 주목받을 만했다.

- 맨체스터 유나이티드에서 뛰고 있는 북아일랜드의 노만 화이트사이드가 월드컵의 역사를 새로 썼다. 그는 당시 17세 41일이었는데, 지금까지도 월드컵 본선 출전 선수 중 가장 어린 선수로 기록되고 있다.
- 잉글랜드는 본선 경기에서 가장 빨리 득점하는 기록을 세웠다. 스키퍼인 브라이안 롭슨이 프랑스를 상대로 27초 만에 골을 넣은 것이다.

축구공처럼 통통 튀는 월드컵 말, 말, 말

1982년 본선 2라운드 경기에서 키 작은 잉글랜드의 윙어 스티브 코펠이 독일의 거인 수비수 한스-페터 브리겔을 상대로 태클을 시도했다. 브리겔은 그저 코웃음치며 말했다. "꺼져, 쪼그만 파리!"

본선 경기는 그렇게 흥미진진하지 않았다. 특히 독일과 오스트리아의 1라운드 경기가 재미없었다. 경기를 시작하기 전에 두 팀은 독일이 1 대 0으로 승리하면 두 팀 모두 다음 라운드로 진출하는 것을 알고 있었다. 그래서 10분이 지났을 무렵 독일이 앞서 나가자 남은 80분 동안 두 팀은 골을 넣을 생각은 안 하고 운동장을 왔다 갔다 하면서 시간을 보냈다. 두 팀의 전력을 살펴보러 온 프랑스의 감독 미셸 이달고는 두 팀에게 노벨 평화상을 수여해야 한다고 제안했다!

이달고의 팀도 파란만장한 시간을 보냈다. 쿠웨이트와의 1라운드 경기 때 관중석에서 누군가 휘슬을 불었고, 심판이 휘슬을 불었다고 착각한 쿠웨이트가 경기를 멈추는 순간 프랑스가 득점을 했다. 쿠웨이트가 경기를 중단하겠다고 위협하기도 했지만 쿠웨이트 왕실의 파히드 왕자 덕분에 경기는 계속됐다. 심판이 마음을 바꾸어 골은 무효가 되었다!

프랑스는 4강에서 독일을 만났는데, 또 이상한 사건이 벌어졌다. 독일의 골키퍼 하랄트 슈마허는 프랑스 선수 패트릭 바티스통이 골을 넣으려고 달려들어 올 때 주먹을 휘둘렀다. 바티스통은 이가 두 개 날아갔고 병원으로 실려 갔지만 슈마허는 퇴장당하지 않았다. 게다가 경기는 승부차기까지 갔는데(이 경기는 승부차기 방식으로 승부가 결정된 첫 번째 본선 경기였다), 슈마허가 두 개의 페널티킥을 막아 내 팀은 결승전에 진출했다.

그리고 독일은 이탈리아에 1 대 3으로 패했는데, 이탈리아 선수 파올로 로시가 결정적인 골을 넣었다. 이 경기는 로시가 승부 조작 혐의(그는 언제나 인정하지 않았지만)로 2년 동안 출전이 금지되었다가 팀에 돌아와 뛴 경기였다.

이상한 축하 인사!

축구 선수들은 축하하기를 좋아한다. 득점했을 때, 경기에서 승리했을 때, 또는 어떤 이유에서…….

- 비록 북아일랜드 팀은 한 경기도 이기지 못했지만 선수들은 내내 경기를 즐겼다. 골키퍼 펫 제닝스는 자신의 자서전에서 이렇게 말했다. "우리 팀 선수들은 변함없이 기분 좋게 약물 검사를 마치고 돌아왔다." 선수들은 스페인의 더위로 땀에 흠뻑 젖어서 소변을 받을 수 없다고 검사 위원들에게 말했고, 위원들은 소변이 나오도록 선수들에게 맥주를 주어야 했다!
- 잉글랜드의 축하 방식은 꽤 조용한 편이다. 골을 넣었을 때도 마찬가지이다. 축구 협회 회장 해롤드 톰프슨은 신문에 선수들끼리 서로 축하하며 키스하는 것을 비판하는 글을 쓰기도 했다!
- 헝가리 팀이었다면 곤란해 했을 것이다. 1982년 월드컵 1라운드에서 헝가리는 엘살바도르 팀에 10 대 1로 승리를 거뒀다. 본선 경기에서 한 팀이 두 자리 수의 점수를 얻은 것은 처음이었다. 그중 세 골은 헝가리 선수가 교체되고 나서 10분 안에 나온 것이었다. 그의 이름은? 라슬로 키스!

1986년 아르헨티나 큰 손을 얻다

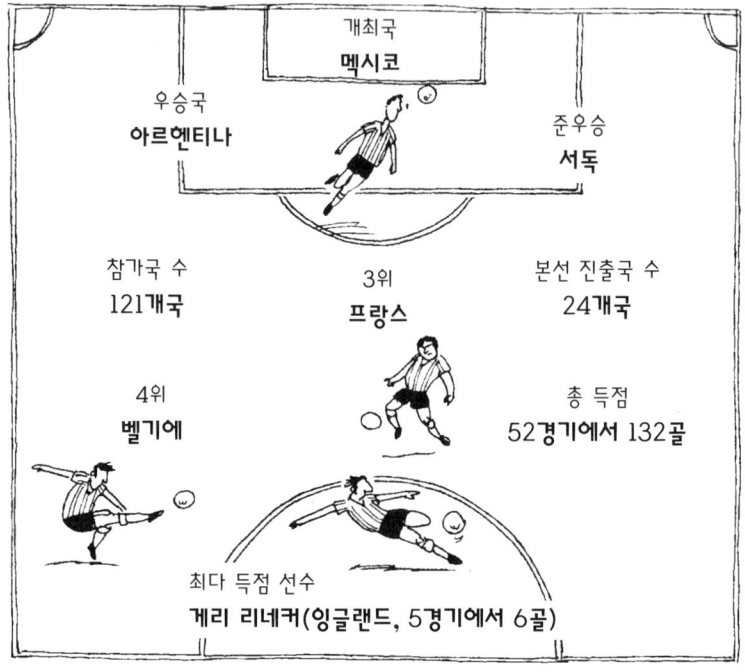

잉글랜드, 스코틀랜드, 그리고 북아일랜드는 1986년 본선에 진출했고, 잉글랜드만 1라운드를 통과했다.

북아일랜드는 첫 경기에서 6분만에 골을 넣으면서 멋지게 출발했지만 1무 2패를 기록했다.

스코틀랜드도 비슷했다. 1무 2패. 또다시 초라한 성적을 거뒀다. 우루과이를 상대로 0 대 0으로 비겼는데, 우루과이 수비수가 경기가 시작되자마자 퇴장당했기 때문에 열 명과 싸운 것 치고는 좋은 성적이 아니었다!

잉글랜드는 스트라이커 게리 리네커 덕분에 8강에 진출했다. 지금은 '매치 오브 더 데이(영국 BBC의 장수 프로그램으로 프리미어 리그 경기의 하이라이트 쇼)'의 진행자이자 감자칩 광고 모델로 잘 알려져 있는 리네커가 폴란드와의 경기에서 해트트릭을 기록하여 잉글랜드가 조별 예선을 통과하는 데 큰 역할을 했다. 리네커의 다른 두 골은 파라과이를 쓰러뜨렸다. 다음으로는 숙적인 아르헨티나와의 경기.

'비극적인 주장' 상

잉글랜드의 레이 윌킨스. 브라이언 롭슨이 모로코와의 경기에서 쇄골이 탈구되어 교체되자 대신 주장 자리를 이어받았는데, 심판에게 공을 던져서 10분도 안 되어 퇴장당했다!

시끌시끌!

잉글랜드는 아르헨티나에 1 대 2로 졌다. 아르헨티나 팀의 두 골 모두 스타 포워드인 디에고 마라도나가 기록한 것이다. 그의 첫 번째 골이 논쟁의 시작이었다. 어떻게 된 것이냐면······.

놀랍게도 주심과 선심 둘 다 아무것도 보지 못해 골로 인정되었다! 4분 뒤 마라도나는 다시 골을 넣었는데, 중앙선 부근에서부터 단독 드리블로 네 명의 잉글랜드 수비수를 뚫고 골키

퍼 실턴까지 가뿐히 제치고 네트로 공을 꽂아 넣었다.

'끔찍한 속임수에 대한 변명' 상

디에고 마라도나. 경기가 끝나고 나서 마라도나의 펀치 골에 대해서 물어보았다. 마라도나는 '약간의 헤딩과 약간의 신의 힘으로 골을 넣었다'고 말했다.

마라도나의 눈부신 활약으로 아르헨티나는 결승전에서 독일을 3 대 2로 물리치고 두 번째로 우승을 차지했다.

들여보내 줘!

만약 잉글랜드가 경기를 하루 일찍 치르고 싶었다면 그들은 경기장에 들어가지 못했을 것이다!

잉글랜드 팀은 훈련을 위해 아즈테카 스타디움에 도착했지만, 탈의실이 잠겨 있었다. 또 경기장에서는 잔디를 깎고 선을 표시하고 있어서 경기장 안에 들어갈 수도 없었다. 선수들은 다른 경기장으로 가야 하는 상황이었는데, 경찰이 사람을 불러 문을 열어 준 덕분에 겨우 안으로 들어갈 수 있었다!

경기장 문제를 겪은 팀이 잉글랜드가 처음은 아니었다.

없어, 없어!

프랑스는 실제로 1950년 브라질 월드컵 본선 경기 참가를 철회했다. 이유는 프랑스의 첫 경기가 열리는 경기장과 다음 경기 경기장이 2,000마일이나 떨어져 있었기 때문이다!

기다려, 거의 끝났어!

1930년 최초의 월드컵 개최국 우루과이는 자기 팀의 첫 경기를 아직 완공이 되지 않았던 새 경기장에서 하기를 원했다. 그래서 우루과이는 다른 팀들보다 5일 늦게 첫 번째 경기를 치를 수 있었다!

파란색을 느껴 봐

관중이 꽉 들어찬 브라질의 마라카나 경기장은 아직도 월드컵 결승전 역사상 최다 관중인 199,850명의 기록을 가지고 있다. 이 경기장은 특별히 훌리건의 난동을 막을 수 있도록 설계되었는데, 좌석이 파란색으로 칠해져 있다. 파란색이 사람들을 차분하게 만드는 데 도움이 된다고 알려져 있기 때문이다!

짜릿한 궁금증: 디에고 마라도나와 아르헨티나

월드컵에서 아르헨티나의 기록은 최근 몇 년간 두드러졌다. 1930년 결승전에서 우루과이에게 패한 뒤, 40년 동안 별다른 활약을 보여 주지 못하다가 갑자기 1978년과 1986년 우승, 그리고 1990년과 2014년 준우승으로 뛰어올랐다.

그럼에도 불구하고 아르헨티나를 따라다니는 논란거리가 한 가지 있다.

- 그들은 피파(FIFA)가 1938년 개최지로 아르헨티나가 아니라 프랑스를 선택한 것에 항의하는 뜻에서 본선 참가를 철회했다.
- 1950년 브라질 대회에서는 브라질 축구 협회와의 논쟁 뒤 본선 참가를 철회했다.
- 1958년, 체코슬로바키아에 1 대 6으로 완패한 뒤 귀국했을 때 팬들이 선수들에게 쓰레기를 집어던졌다.
- 1966년 잉글랜드와의 악명 높은 경기 전, 독일과의 경기에서 수비수 알브레히트가 럭비 경기에서나 나올 법한 태클을 하여 퇴장당했다.
- 1982년, 지난 대회 우승팀으로서 그들은 2라운드에 올라가서 두 경기 모두 패하고 탈락했다. 첫날은 이탈리아에게 1 대 2로 졌는데, 이탈리아의 두 선수는 스타 선수를 막아 내려다가 경고를 받았고, 아르헨티나는 이탈리아보다 더 많은 세 명이 경고를 받고, 한 명이 퇴장당했다. 아르헨티나

는 그다음 경기인 브라질과의 경기에서 1 대 3으로 패했는데, 이번에는 그 스타 선수가 퇴장당했다.

그럼 그 스타 선수는 누구일까? 어느 누구도 이런 '최고의 손놀림'을 보여 주지 않았다. 바로 디에고 마라도나다.

축구공처럼 통통 튀는 월드컵 말, 말, 말

"마라도나와 함께라면 아스널이 월드컵 우승을 할지도 모른다."
_ **잉글랜드 감독 보비 롭슨**

마라도나

디에고 마라도나만큼 천국과 지옥을 왔다 갔다 한 선수는 없을 것이다.

1960년 부에노스 아이레스에서 태어난 마라도나는 아홉 살에 축구공 저글링 대회에 나가서 아르헨티나 전체에 이름을 알렸다. 축구공으로 갖가지 묘기를 보여 준 재능 덕분에 그는 TV 프로그램에 정기적으로 출연했고 전국적으로 유명해졌다.

비록 주니어 팀에서도 경기를 하고 있었지만 마라도나는 몇몇 친구를 모아 따로 팀을 만들었다. 이름은 '작은 양파들'이라고 붙였는데, 아마도 항상 상대 팀을 울렸기 때문일 것이다! 그 팀은 실력이 아주

좋아서 프로 클럽인 아르헨티노스 주니어스와 계약을 했다.

그중에서도 마라도나는 스타였다. 13세에 학교를 그만두고 아르헨티노스 주니어스의 선수가 되어, 1년 뒤 15세에 첫 경기에 출전했다. 16세에는 국가 대표가 되었다!

그 뒤 처음으로 좌절의 시기가 찾아왔다. 예상과 달리 아르헨티나 감독은 1978년 본선을 앞두고 그를 대표팀에서 떨어뜨렸다. 그 뒤 몇 달 동안 마라도나는 감독에게 말도 하지 않았다. 물론 아르헨티나의 많은 사람들도 감독의 결정을 비난했다. 비록 아르헨티나가 세계 챔피언이 되었지만 말이다.

마라도나의 경력은 빠르게 제자리를 찾았다. 아르헨티나가 유스 월드컵에서 우승했을 때도 팀에 있었고, 십대의 나이로 백만 파운드를 받고 보카 주니어스로 이적했다.

이제 내리막길의 시간이 왔다. 마라도나는 1982년 월드컵에서는 좋은 모습을 보여 주지 못했다. 경기마다 태클을 당했고, 마지막 게임에서는 퇴장을 당했다. 그러나 본선이 끝나고 다시 상승 기류를 탔는데, 300만 파운드의 기록적인 이적료를 받고 스페인의 바르셀로나로 옮긴 것이다.

이 때가 마라도나의 경력에서 가장 화려한 순간이었다. 1984년, 마라도나는 바르셀로나를 떠나서 이탈리아의 클럽 나폴리로 이적료 500만 파운드의 기록을 세우며 이적했다. 2주일 만에 나폴리는 짜릿하게 돈을 회수하는데, 마라도나의 팬들이 몰려와 시즌 티켓 70,000장을 산 것이다! 나폴리에서 일곱 시즌을 보내면서 마라도나는 UEFA컵 우승과 두 번의 리그 우승을 이끌었다.

그리고 1986년 아르헨티나는 월드컵에서 우승했고, 마라도나는 골든 볼(월드컵 대회 최고의 선수에게 수여하는 상, 1982년에 신설)로 뽑혔다.

잉글랜드와의 경기에서 나온 '신의 손'으로 마라도나의 명성에는 약간 금이 갔지만, 두 번째 골은 그가 얼마나 훌륭한 선수인지를 보여 주었다.

그때부터 마라도나의 경력은 오르막보다는 내리막이 더 많았다.

• 1990년 월드컵에서는 주장을 맡았다. 팀은 결승전까지 진

아르헨티나 진영에서 공을 몰고 두 명의 잉글랜드 선수 사이를 지나서,

잉글랜드 진영으로 달려와서 세 번째 잉글랜드 선수를 옆으로 제치고,

드리블해서 공을 몰고 잉글랜드의 페널티 구역까지 와서 네 번째 선수를 제치고,

다음엔 잉글랜드 골키퍼를 돌아서,

슛, 그가 좋아하는 왼발로! 들어갔다!

출했지만 패배했고, 두 명의 선수가 퇴장당했다.
- 그리고 1991년, 약물 복용으로 체포되었고 15개월간 출전이 금지되었다.
- 스페인으로 다시 돌아갔지만 성공적이지는 않았고, 그래서 아르헨티나로 돌아왔다. 다시 주장을 맡았지만 1994년 본선에서는 약물 검사에 걸려서 불명예스럽게 고국으로 돌아갔다.

또 출전 금지 조치가 뒤따랐다. 영광스럽지만 논란도 많았던 마라도나의 국제 경력은 막을 내렸다. 전직 '작은 양파'는 마지막을 향하여 빙빙 돌고 있었다.

이상한 심판

마라도나의 악명 높은 '신의 손'을 이용한 골 장면을 놓쳤던 주심은 튀니지의 알리 빈 나세르였다. 잉글랜드와 아르헨티나의 경기는 그가 첫 번째로 맡은 월드컵 경기였다. 또한 그의 마지막 경기이기도 했다. 무슨 이유인지 그는 다시는 심판을 맡을 수 없었다!

와글와글 월드컵 상식

월드컵 역사에서 완벽한 심판이었다고 솔직하게 말할 수 있는 유일한 사람은 누구일까?

답: 1954년 본선 경기의 스코틀랜드 심판. 그의 이름은 에드워드 C 폴틀리스(Faultless: 잘못이 없다는 뜻이다)이다.

물론 불쌍한 늙은 심판을 탓하는 것이 쉽겠지만, 여러분은 더 잘할 수 있을까? 이상한 퀴즈 '다음에는 무엇이?'를 맞혀 보자.

1. 1930년, 경기 시작 무렵 주심은 재킷과 셔츠를 입고 넥타이를 매고 있다. 다음에는 무엇을 할까?
   a) 탈의실이 어디 있는지 물어본다.
   b) 관중들 중에 누군가를 찾아서 선심을 시킨다.
   c) 경기 시작을 알리는 휘슬을 분다.

2. 1930년 프랑스와 아르헨티나의 경기에서 심판은 프랑스

가 결정적인 공격을 하고 있을 때 6분 일찍 종료 휘슬을 불었다. 다음에 어떻게 되었을까?

a) 경기 종료가 선언되었다.
b) 선수들은 돌아와서 다시 6분 더 경기를 했다.
c) 프랑스가 골을 넣은 것으로 인정되었다.

3. 2006년에 크로아티아와 호주의 경기에서 심판 그래함 폴은 경고 8회, 퇴장 1회를 주었다. 크로아티아의 요시프 시무니치는 특별한 경우였는데 그가 받은 것은 무엇이었을까?

a) 경고 두 번 퇴장 한 번
b) 퇴장 한 번
c) 경고 세 번 퇴장 한 번

4. 1970년 엘살바도르와 멕시코의 경기에서 엘살바도르 팀은 멕시코의 득점에 항의하는 뜻으로 킥오프를 거부했다. 심판은 무엇을 했을까?

a) 엘살바도르의 주장을 퇴장시킨다.
b) 휴식 시간을 알리는 휘슬을 분다.
c) 마음을 바꾸어 골을 무효로 처리한다.

5. 1970년 웨일즈의 심판 클라이브 토마스는 스웨덴과 브라질의 경기를 맡고 있었다. 그는 시계를 보았고 90분이 되었으므로 휘슬을 불었다. 다음에 어떻게 되었을까?

   a) 경기가 계속되었다.
   b) 브라질이 골을 넣었다.
   c) 사람들에게 에워싸여 공격당했다.

왁자지껄 월드컵 문제

월드컵 본선 심판 중 유일한 '여성'은 누구일까?

답: 올리브 토마스. 피파(FIFA)의 공식 명단에 이름이 잘못 적혀서 웨일즈의 심판 클리브 토마스의 이름이 바뀌었다.

6. 1970년 심판은 독일과 모로코의 경기 후반전 시작을 선언했지만 곧바로 중단시켰다. 왜 그랬을까?

   a) 시계를 찾을 수 없었기 때문에
   b) 선심을 찾을 수 없었기 때문에
   c) 선수들을 찾을 수 없었기 때문에

7. 1982년 쿠웨이트와의 경기에서 잉글랜드 선수 폴 매리너에게 경고가 주어졌다. 왜?

   a) 심판을 밀어서
   b) 심판에게 소리를 질러서
   c) 심판에게 뽀뽀를 해서

8. 1982년 이탈리아 월드컵, 이탈리아와 페루의 경기, 이탈리아 수비수 클라우디오 젠틸레는 운 좋게 벌칙을 받지 않았다. 왜 그랬을까?
   a) 심판이 그의 배를 붙잡고 있었기 때문에
   b) 심판이 눈을 비비고 있었기 때문에
   c) 심판이 숨이 차서

9. 1990년 아르헨티나와의 경기에서 추가 시간 동안 잉글랜드의 존 반스는 페널티 구역 구석에서 프리킥을 얻었다. 그다음에 심판은 뭐라고 했을까?
   a) "잘 못하기를 바라!"
   b) "미안 미안!"
   c) "정말 쓰레기 같군!

10. 1990년 체코슬로바키아의 류보미르 모라우치크는 독일과의 경기에서 퇴장당했다. 왜 그랬을까?
    a) 공을 허공으로 차서
    b) 신발을 허공으로 차서
    c) 독일 수비수를 차서

답:

1. c) 그것이 1930년에 심판이 옷을 입는 규칙이었다. 그들은

또 바지를 입고 양말을 바지 위로 올려 신었다.
2. b) 하지만 더 이상 골은 나오지 않았다.
3. c) 선수들과 심판이 서로 다른 언어로 말할 때 혼란이 생기는 것을 막기 위해 1970년에 레드카드(퇴장)와 옐로카드(경고)가 등장했다. 하지만 35년 뒤에도 여전히 혼란스러운 상황이 나타났다. 그래함 폴은 실수가 드러나기 전 시무니치에게 세 장의 옐로카드를 주었고, 결국에는 퇴장시켰다!
4. b) 정상적으로 후반전 킥오프를 하였다.
5. a), b) 그리고 c) 토마스는 브라질이 코너킥을 얻었을 때 휘슬을 불었다. 그리고 브라질이 골을 넣었지만 골로 인정하지 않았다. 그러자 선수들이 그를 둘러싸고 항의했다. 그는 그것이 브라질 팀의 잘못이라고 지적했다. 브라질 윙어가 공을 놓는 위치에 대해서 선심과 말다툼을 하느라 코너킥 시간이 늦어졌기 때문이라고!
6. c) 그는 선수들이 모두 운동장에 올라왔는지 확인하지 않고 경기를 다시 시작했다. 모로코 선수 중 일부는 여전히 탈의실에서 나오고 있는 중이었다!
7. a) 매리너에게 보낸 패스가 심판의 발 사이에 끼였고, 잉글

랜드 선수는 공을 놓치지 않으려고 심판을 끌어당겼다.

8. a) 그리고 c) 방금 전, 심판은 가슴에 공을 맞아서 잠시 숨쉬기 힘들어 하고 있었다. 젠틸레가 반칙을 했을 때 그는 아직 회복이 안 된 상태였다.

9. b) 심판은 아르헨티나 수비벽의 끝에 자리를 잡고 있었다. 그리고 반스가 프리킥을 찼는데 심판의 머리에 맞았다!

10. b) 날아간 것은 신발이었다! 그가 독일의 페널티 구역에서 거칠게 태클을 할 때 신발이 벗겨졌다. 그의 페널티킥에 대한 항의가 받아들여지지 않자 모라우치크는 짜증이 나서 신발을 허공으로 차 버렸다. 심판은 이런 행동을 자신에 대한 반발이라고 받아들여 두 번째 옐로카드를 주었고, 모라우치크는 퇴장되었다.

1990년 의기양양 독일

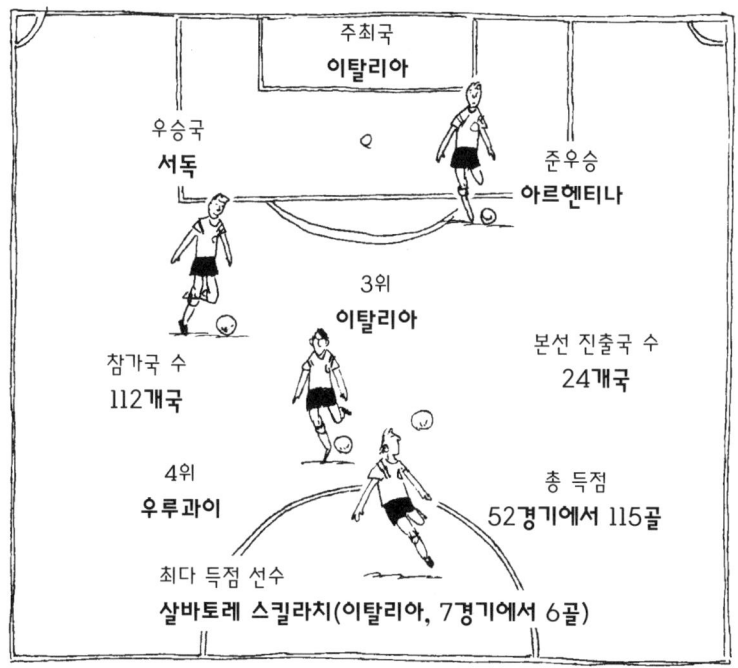

스코틀랜드와 잉글랜드는 1990년 본선에 진출했다. 스코틀랜드에게는 한 번 더 실망스러운 대회였고, 잉글랜드에게는 다른 이유로 좀 더 실망스러운 대회였다.

스코틀랜드는 또다시 1라운드를 통과하는 데 실패했다. 스웨덴에게 이겼으나 브라질에게 패했다. 충격적인 것은 첫 번째 경기에서 코스타리카에게 0 대 1로 패한 것! 어떤 면에서 보면 그 한 골은 득점되지 않았어야 했다. 경기가 소강상태일 때 코스타리카 감독은 경기 진행에 대해 간단한 그림을 그려서 포워드를 맡고 있는 후안 카야소에게 보여 주려고 했다. 몇 분 뒤 코스타리카가 득점했다. 바로 카야소가 골을 넣은 것이다!

와글와글 월드컵 상식

1990년 본선 개막전에서 카메룬은 돌풍을 일으키며 챔피언 타이틀을 가지고 있는 아르헨티나에게 1 대 0으로 승리를 거두었다. 그러나 비크 형제에게는 복잡한 느낌을 안겨 주는 경기였다. 카나 비크는 퇴장당했다. 하지만 그의 형 오맘 비크는 그 경기에서 유일한 골을 넣었다.

잉글랜드는 프리킥을 얻었지만

2무 1패의 성적으로도 1라운드를 통과할 수 있다는 것을 보여 준 나라가 잉글랜드이다. 비긴 경기 중에서 한 번은 아일랜드와의 경기였는데, 감독은 1966년 잉글랜드가 우승할 때 선수였던 잭 찰턴이었다.

이 경기에서 잉글랜드는 경기가 끝나기 몇 분 전에 프리킥을 얻었다. 스튜어트 피어스가 나섰고 골대 안으로 강하게 찼다. 하지만 프리킥은 빙 돌아서 날아갔고, 알게 된 것은 공이 골대로 들어가지 않았다는 것뿐!

'30분 영웅' 상

아일랜드의 데이비드 오리어리. 오리어리는 아일랜드가 2라운드로 진출하여 루마니아와 경기를 치를 때 연장전 교체 선수로 처음 출전했다. 그 경기는 승부차기로 결정되었는데, 마지막 승부차기를 성공시켜 승리했다.

잉글랜드의 2라운드, 벨기에와 경기에서 또 프리킥이 나왔다. 연장전이 몇 분 남지 않았을 때, 폴 개스코인이 앞에 있던 데이비드 플랫에게 툭 패스하였고 플랫이 발리슛으로 결승골을 만들었다.

페널티킥!

카메룬과의 8강 경기는 또 연장전까지 갔고, 역시 리네커가 잉글랜드를 구했다. 두 번의 페널티킥을 얻어 잉글랜드가 3 대 2로 역전승을 거두고 4강에 진출했다. 다음은 독일!

> **축구공처럼 통통 튀는 월드컵 말, 말, 말**
>
> 잉글랜드가 4강에 진출한 뒤 보비 롭슨이 이런 명언을 남겼다. "우리는 여기까지 왔다. 하지만 어떻게 왔는지는 모른다."

4강전에서는 페널티킥이 좋지 않았다. 연장전을 마치고도 1 대 1로 비겨서 승부차기에 들어갔다. 스튜어트 피어스와 크리스 웨들이 승부차기에 실패, 잉글랜드가 졌다!

독일은 결승전에서 아르헨티나에게 1 대 0으로 승리를 거뒀다. 아르헨티나는 결승전에 올라갈 때 마라도나의 또 다른 '신의 손'의 도움을 받았다. 러시아와의 경기에서 주심은 마라도나가 러시아 선수의 슛을 손으로 막는 것을 보지 못했다!

와글와글 월드컵 상식

1990년 월드컵 4강전 두 경기는 모두 승부차기로 승자가 정해졌다. 독일은 잉글랜드를 이겼고, 아르헨티나는 이탈리아를 이겼다. 잉글랜드와 이탈리아도 쉽게 결승전에 올라갈 수 있었을 텐데!

이상한 팬들

1990년의 월드컵 조직위원회는 잉글랜드 팀을 따라오는 훌리건을 심각하게 걱정했다. 그래서 나름대로 너무나 좋은 해결책을 생각해 냈는데, 잉글랜드가 속한 조의 경기를 사르디니아 섬에 있는 경기장에서 치르기로 한 것이다. 말썽부리는 팬들이 엄청난 속도로 헤엄치지 않는 한 경찰에 잡히면 탈출할 수 없을 것이라고 생각했기 때문이다!

축구공처럼 통통 튀는 월드컵 말, 말, 말

1982년 스페인에서도 경호가 삼엄했는데 잉글랜드의 골키퍼 피터 실턴은 이렇게 기억하고 있었다. "우리 호텔은 기관단총으로 무장한 경호원들로 둘러싸여 있었지요. 우리가 첫날 훈련장으로 갔을 때는 탱크가 있었습니다."

고맙게도 경기 중에 문제를 일으킨 팬은 거의 없었다. 약간 이상한 사람들이 있기는 했지만. 그러니까 언젠가 국가 대표 선수가 될 계획이 있다면 조심해야 할 서포터 유형 열 가지를 미리 알아보도록 하자.

1. 머리 잡아당기기: 1934년 월드컵 결승전에서

체코슬로바키아가 이탈리아에 1대 0으로 앞서고 있을 때 어떤 이탈리아 팬들은 경기장을 둘러싸고 있는 철망 사이로 체코 선수들의 머리카락을 확 잡았다. 소총을 든 군인이 쫓아오고 나서야 선수들을 놓아주었다!

2. **토마토 던지기**: 1958년 아르헨티나 팀이 조별 예선에서 꼴찌를 하고 고국으로 돌아왔을 때 팬들은 공항에서 쓰레기를 던졌다. 1966년 이탈리아 팀이 북한에게 졌을 때도 똑같은 일이 일어났다.

3. **화염병**: 브라질 축구 스타 가힌샤는 1962년 칠레와의 경기에서 퇴장을 당했는데, 그가 경기장을 떠날 때 병이 날아와 그를 맞혔다.

4. **경적 부는 사람들**: 1970년, 많은 팬이 잉글랜드와 브라질의 경기를 앞두고 호텔 밖에서 밤새도록 차의 경적을 울리며 선수들의 잠을 방해했다.

5. **기념품 뺏기**: 1970년 결승전이 끝나고 기념품을 얻으려는 브라질 팬들이 브라질의 미드필더 토스탕의 옷을 벗겼다. 토스탕은 바지만 남기고 모두 뺏겼다.

6. **오물 봉투를 던지다:** 1998년 미국이 과테말라에서 지역 예선전을 치를 때 정치적 문제가 겹쳐 관중 분위기가 좋지 않았다. 미국 골키퍼 케이시 켈러는 팬들이 던진 것이 오물 봉투라는 것을 알았다.

7. **응원 소리가 너무 커:** 스웨덴 팀이 1958년 결승에서 싸우고 있을 때 스웨덴 팬들은 치어리더의 응원에 열광적이어서 피파(FIFA)는 그것을 금지시켰다. 관중은 아주 조용해졌고, 스웨덴은 브라질에 졌다.

8. **운동장으로 뛰어드는 사람:** 1966년 잉글랜드가 아르헨티나와의 경기에서 앞서 나가자 어떤 팬이 운동장으로 달려 들어와서 아르헨티나의 레프트 윙어 오스카르 마스에게 주먹을 날렸다.

9. **내기가 심했어:** 한 알바니아 남자가 아르헨티나와 루마니아의 승부에서 아내를 걸고 내기를 했다. 그는 내기에 졌고, 아내도 잃었다!

10. **페달 밟기:** 써포터인 클리브 트랜챈트는 1982년 잉글랜드 팀의 본선 경기를 보고 너무 화가 났다. 그는 잉글랜드 팀 셔츠를 입고 잉글랜드 국기를 펄럭이며 서섹스에서 스페인까지 1,000마일을 사이클을 타고 달렸다.

정말 끔찍한 경우도 있는데, 1994년에 콜롬비아의 '팬'이 그랬다. 콜롬비아 팀이 미국과 경기를 치르기 몇 시간 전 콜롬비아 테러리스트는 감독 프란시스코 마투라나에게 팩스를 보내 선수 선발을 자신이 말한 대로 하라고 했다. 만약 미드필더 고메즈를 선발하면 고메즈와 그의 가족을 날려 버리겠다고 경고했고, 고메즈는 출전하지 못했다. 그리고 팀은 1 대 2로 패했다.

더 안 좋았던 것은 미국의 골 중 하나는 콜롬비아 수비수 안드레스 에스코바르의 자책골이었다. 팀이 고국으로 돌아왔을 때 에스코바르는 성난 서포터의 총에 맞아 사망했는데, 서포터는 이런 말을 남겼다. "고마워, 자책골."

선수를 응원하는 팬들만 선수들과 문제를 일으키는 것은 아니다. 때로는 반대의 경우도 있다. 1954년 우루과이 선수들은 자신들의 업적을 알리는 방송을 큰 소리로 계속 틀어서 같은 호텔의 선수들을 화나게 만들었다.

이상하지 않은 월드컵 팬 말, 말, 말

아일랜드가 1990년에 8강에 진출하였을 때 경기는 로마에서 열렸다. 아일랜드 팀은 교황 요한 바오로 2세에게 소개되었는데, 감독 잭 찰턴은 예외였다. 잭 찰턴이 앞으로 나서자 교황은 이렇게 말했다. "나는 당신이 누군지 압니다. 당신이 대장이지요!"

1994년 용감한 브라질

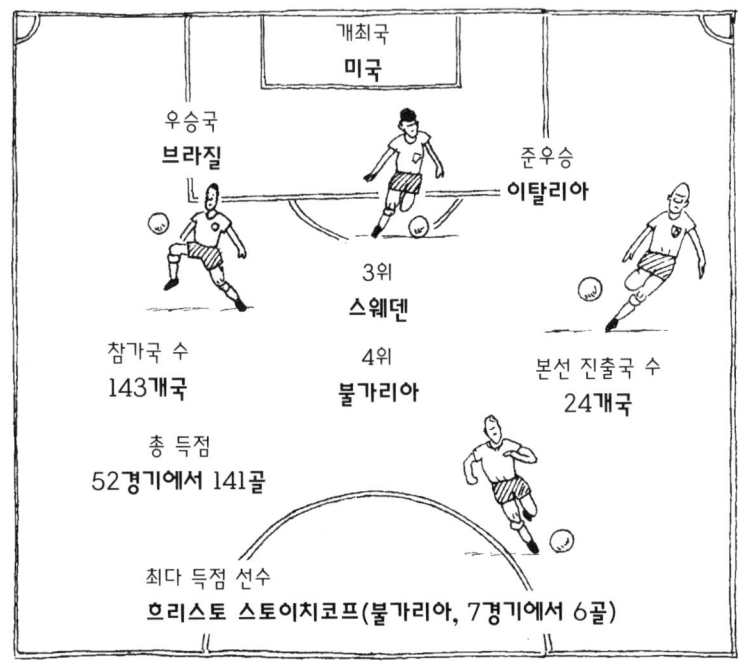

잉글랜드는 1994년 본선에 진출하지 못했다. 북아일랜드도 마찬가지였고, 스코틀랜드도, 웨일즈도 진출하지 못했다! 영국은 1966년 월드컵 우승 당시 잉글랜드 팀이었던 잭 찰튼 감독의 아일랜드에 모든 관심을 쏟았다. 아일랜드는 조별 리그를 힘들게 통과한 뒤 네덜란드를 만나 패배하고 말았다.

본선이 시작되기 전 많은 사람들은 월드컵이 미국에서 개최된다는 결정에 의문을 품었다. 이전에도 샛길로 빠지는 경우가 많았지만, BBC 라디오 진행자는 이렇게 말했다. "축구는 미국에서는 네 번째로 인기 있는 스포츠입니다." 그리고 계속해서 더 인기 있는 네 가지 스포츠를 알려 주었다! "미식축구, 야구, 농구, 그리고 아이스하키입니다."

비록 조금 바보 같은 사건이 있긴 했지만 관중은 꽉 들어찼고 대회는 대성공이었다. 바보 같은 사건은 스무 명의 미국 관중이 본선 개막 경기에서 독일이 볼리비아를 상대로 골을 넣었을 때 나가 버린 것이었다. 골이 한 번 들어가면 경기가 끝나는 걸로 생각했기 때문이다!

 **'사기꾼을 잡아라' 상**

1994년 월드컵 조직위원회. 본선이 시작되기 전에 조직위원회는 안전 요원을 뽑기 위해 광고를 했다. 지원자들은 지문을 포함해서 세부 사항을 제출해야 했다. 경찰의 확인 결과 오십칠 명의 지문이 범죄자의 지문으로 밝혀졌다!

가장 놀라웠던 것은 디에고 마라도나의 추방이었다. 아르헨티나가 두 번 뛰어난 경기를 보여 준 뒤, 마라도나는 약물 검사를 통과하지 못해 나머지 경기의 출전이 금지되었다. 그러자 방글라데시의 한 팬은 피파(FIFA) 회장 주앙 아벨란제가 불법적으로 행동했으며, 방글라데시에 있는 마라도나 팬클럽 아이들 20,000명을 위한 월드컵을 파괴했다며 그를 고소했다.

우승은 이탈리아를 0 대 0으로 이긴 브라질이 차지했다! 월드컵 역사상 처음으로 승자는 결승전에서 이기지 않았고 패자는 지지 않았다. 연장전에서도 비겼으므로 두 팀은 승부차기를 했고, 브라질이 이겼다.

왁자지껄 월드컵 문제

1994년 월드컵에서 경기를 시작하기 전까지 코끼리 떼처럼 보였던 팀은 어느 팀일까?

답: 챔피언 브라질 팀. 경기를 시작하기 전 선수들은 앞뒤 선수들과 서로서로 손을 잡고 있어서, 마치 코끼리가 꼬리를 물고 있는 듯이 모여 있었다.

이상한 월드컵 말, 말, 말 퀴즈

1994년 월드컵에서 언론의 관심은 전보다 더 커졌는데, 진정으로 짜릿한 말들이 많이 나왔다. 퀴즈를 보면서 어느 나라가 한 말인지 맞혀 보자.

짜릿한 월드컵 말, 말, 말	나라
a) "나는 나 또는 나의 선수들이 개로 불리는 것을 좋아하지 않습니다."	1. 나이지리아
b) "그런 분위기에 감동받지 않은 선수들은 할머니와 골프를 치러 가는 것이 좋을 것 같다."	2. 독일
c) "2등으로 끝내는 것은 꼴찌로 끝내는 것 같을 것이다."	3. 아일랜드
d) "우리는 고비사막에서 오지 않았다!"	4. 콜롬비아
e) "오늘 신은……."	5. 미국
f) "나는 이길 방법을 알고 있다고 말하곤 했다. 우리에게는 열 명, 또는 아홉 명의 선수가 있다."	6. 스페인
g) "나는 나의 선수들에게 더 뛰어다니면서 바람을 만들라고 말했다."	7. 불가리아
h) "규칙에서 두 명만 교체하도록 허용되어서 부끄럽다. 그렇지 않다면 후반전에 열한 명 선수 모두를 교체했을 것이다."	8. 이탈리아
l) "그리고 그들의 항해는 완전히 김이 빠져 버렸다."	9. 브라질

답 :

a) −5. 미국의 감독 보라 밀루티노비치는 한 기자가 미국 팀이 A조에서 복병으로 여겨지는 것을 어떻게 생각하느냐고 묻자 혼란스러워하며 말했다!

b) −1. 나이지리아 감독 클레멘츠 웨스트호프가 61,000명의 관중 앞에서 나이지리아 팀이 아르헨티나와 경기를 치른 뒤 말한 것.

c) −9. 브라질이 첫 번째 경기를 끝내고 난 뒤 감독 알베르토 파헤이라가 한 말. 잘했어, 브라질은 챔피언 타이틀을 지켰다!

d) −3. 아일랜드의 감독 잭 찰튼이 플로리다의 더위를 불평하며 한 말이다.

e) −7. 불가리아 팀이 승부차기에서 멕시코를 꺾고 8강에 진출했을 때 불가리아의 스트라이커 흐리스토 스토이치코프가 한 말이다.

f) −8. 이탈리아의 감독 아리고 사치가 팀 전원이 있었음에도 이탈리아 팀이 아일랜드 팀에 패한 뒤 한 말. 하지만 한 선수가 퇴장당하고, 부상당한 선수가 있었음에도 노르웨이에게는 승리를 거뒀다.

g) −2. 이렇게 더운데 경기하는 것에 대해서 선수들에게 어떻게 말했냐는 질문을 받았을 때, 독일의 감독 베르티 포그츠가 한 말.

h) −4. 미국에게 진 뒤 콜롬비아의 감독 마투라나가 한 말.

I) −6. 전문가 데이빗 플리트는 텔레비전에서 스페인에 대해 이야기할 때, 계속 뒤죽박죽 정신없이 말을 했다.

멋진 유니폼

아마 1994년 대회에서 가장 놀라운 점은 골키퍼의 유니폼일 것이다. 골키퍼는 노랑, 초록 또는 흰색 셔츠를 입어야 한다는 규칙이 1983년 폐지되면서부터 색깔이 훨씬 화려해졌다. 얼마나 화려해졌는지는 1994년에 노르웨이 골키퍼 에리크 토르스트베트가 멕시코 팀 같은 등번호인 호르헤 캄포스와 셔츠를 바꾸면서 한 말을 보면 알 수 있다. 토르스트베트는 이렇게 말했다. "나는 오랫동안 새로운 부엌 커튼을 찾고 있었어."

월드컵 유니폼에 대한 이상한 상식이 몇 가지 더 있다.

- 1966년 잉글랜드와 아르헨티나의 악명 높은 경기가 끝난 뒤, 잉글랜드 감독 알프 램지는 화가 나서 경기장으로 올라갔다. 라이트 백인 조지 코헨에게 아르헨티나의 알베르토 곤잘레스와 셔츠를 교환하지 못하게 하기 위해서였다.
- 1974년 아르헨티나 팀에 뒤늦게 합류한 카를로스 바빙턴은 어쨌든 흰색과 파란색 줄무늬 티셔츠를 바꾸지 않을 것이다. 국가 대표에 선발된 것이 너무 기뻐서 그는 유니폼을 입고 잘 정도였으니까.

- 셔츠는 팬에게도 중요하다. 2014년에 독일이 네 번째로 우승했을 때 셔츠 제조사인 아디다스는 배지 위에 별 네 개를 단 유니폼을 급하게 만들었다. 셔츠는 결승전 다음 날 몇 시간만에 매진되었다!
- 브라질이 1970년에 우승했을 때, 선수들은 셔츠를 두 벌 입었다. 글쎄, 어쨌든 그들 마음이니까. 아마도 감독인 마리오 자갈로가 선수들과 미팅 시간에 공격용과 수비용으로 두 벌을 입어야 한다고 말했을 것이다.
- 마지막으로 정말 이상한 유니폼으로 말하자면 진정 헌신적인 팬을 당할 수 없다. 본머스에서 온 켄 베일리는 오랫동안 잉글랜드의 헌신적인 팬이었다. 그는 전형적인 잉글랜드인처럼 짙은 다홍색 연미복과 하얀 반바지, 검은색 모자와 유니언잭 조끼를 차려 입고 경기장에 나타나곤 했다. 그것만으로는 충분하지 않았는지 베일리는 완벽한 그림을 꿈꾸듯 옷을 입힌 불독을 팔에 안고 있기도 했다.

1998년 엄청난 프랑스

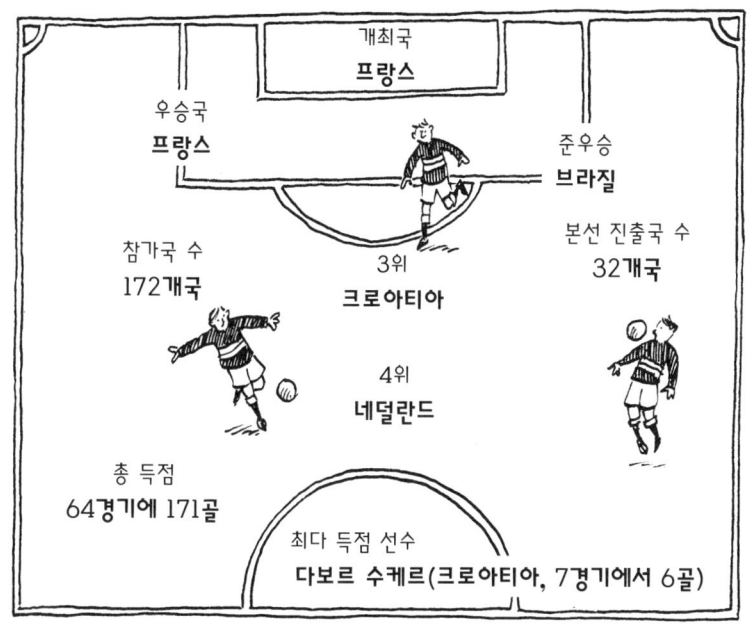

개최국
프랑스

우승국
프랑스

준우승
브라질

참가국 수
172개국

3위
크로아티아

본선 진출국 수
32개국

4위
네덜란드

총 득점
64경기에 171골

최다 득점 선수
다보르 수케르(크로아티아, 7경기에서 6골)

    1998년 월드컵 본선은 이전의 어떤 대회보다도 짜릿했다. 스코틀랜드의 서포터즈는 팀이 또다시 간신히 지역 예선을 통과해서 흥분해 있었다. 하지만 한 경기에서 힘이 쑥 빠졌는데, 서포터의 일기로 밝혀진 것이 있다.

1996년 10월 8일

오! 타탄 아미(스코틀랜드 축구 국가 대표팀의 별명)가 에스토니아로 떠난다. 우리 중 어느 누구도 에스토니아가 어디인지 모른다. 그래도 우리는 알 때까지 온갖 수를 다 쓸 거야.

1996년 10월 9일 오전 10시
왔다! 귀여운 아가씨가 항구에서 우리에게 길을 알려 주었다. "핀란드로 건너가서 오른쪽으로 도세요." 킬트를 추가로 한 벌이나 두 벌 더 가져가라고 알려 줬으면 좋았을 텐데. 여기는 정말 춥다. 에스토니아 추위, 굉장해! 스코틀랜드여, 영원하라!!

오후 1시
잘했어. 우리는 경기장에 일찍 잘 도착했다. 저녁에 시작해도 좋을 것 같은데 피파(FIFA)는 오후에 경기해야 한다고 말했다. 왜냐하면 에스토니아의 조명 시설이 충분하지 않기 때문이다. 이렇게 말할 수도 있겠군! 그들은 기둥 위에 백열전구를 올려놓은 것 같아. 아마 경기장을 터덜터덜 굴러다닐 거야. 소용없어. 모든 사람이 알고 있지. 구르는 돌에 이끼가 끼지 않는 것처럼 굴러다니는 에스토니아 선수들은 광택이 나지 않아.

오후 2시 50분
분위기가 점점 달아오르고 있다. 10분 있으면 시작이다. 우리 서포터들은 200명...... 상대방은 딱 두 명! 내 생각엔 저들도 우리를 이길 수 없다는 것을 아는 것 같아. 그들도 귀여운 에스토니아에 어떤 문제가 생겼는지 찾고 있어.

오후 3시
그들이 왔어! 이제 시작이야! 선수들이 줄을 서 있어. 심판이 휘슬을 불고 있고, 우리가 공을 찾어. 가자, 젊은이들!!

오후 3시 1분
심판이 다시 휘슬을 불었어. 기권이야! 에스토니아가!! 상대팀이 어디로 갔는지 궁금하군. 보아하니 그들은 나타나지 않았어. 그들은 피파(FIFA)가 자신들의 조명을 반대하는 것에 항의하고 있어. 우리는 아무것도 보지 않으려고 여기를 왔군.
오, 위스키 한 병이라도 마셔야 할 것 같은 느낌이야.

1996년 10월 10일
다시 집이다! 여행이라니. 좋은 면만 보자. 적어도 그래, 좋은 면만 보자. 적어도 나는 정직하게 말할 수 있어. 우리 선수들이 실수하지 않는 경기를 봤다고. 세계 역사에서 이렇게 말할 수 있는 팬이 어디 있겠어?

그 뒤에는 원래 경기만큼이나 큰 난장판이 벌어졌다. 규칙대로 하면 스코틀랜드는 3 대 0으로 승리한 것이 된다. 하지만 피파(FIFA)는 마음(그들만의 규칙)을 바꾸어서 0 대 0으로 끝난 채 중립 지대에서 재경기할 것을 명령했다. 경기는 4개월 뒤인 1997년 2월 11일에 다시 열렸는데, 역대 월드컵 경기에서 가장 긴 경기 기록을 만들었다.

결국 모두 헛수고였다. 본선에 올랐을 때, 스코틀랜드는 부러울 것 없는 기록을 이어 나가면서 또다시 1라운드에서 탈락했다.

왁자지껄 월드컵 문제

1998년 본선은 또다시 규모가 커져서 이번에는 32개국이 참가했다. 추가로 자리가 생겼다는 것은 네 개의 나라가 처음으로 본선에서 승리할 수 있는 기회가 생겼다는 뜻이다. 어느 나라가 뽑혔을까?

크로아티아   자메이카
  덴마크   일본   모로코
       사우디아라비아   아라비아
   남아프리카 공화국   튀니지

답: 크로아티아, 자메이카, 일본, 남아프리카 공화국이 처음으로 출전했다. 튀니지는 1978년에, 사우디아라비아는 1994년에, 모로코는 1970년, 덴마크는 1986년에 출전했다.

위험한 예선

1998년은 월드컵 본선에 가는 길이 팀, 팬, 그리고 모두에게 힘들었다.

1. 인도양에 있는 약 1,200개의 섬으로 이루어진 나라 몰디브는 아시아 지역 예선 여섯 경기 동안 대단한 기록을 세웠다.

   승리 0, 무승부 0, 패 6, 득점 0, 실점 59, 승점 0

   가장 큰 점수 차로 패배한 경기는? 17 대 0으로 이란에게 패했다. 몰디브 참사라고 불러도 좋을 것이다!

2. 본선 조 추첨 행사가 열렸을 때, 한 열광적인 젊은 팬은 손해를 보기도 했다. 행사는 프랑스의 스타드 벨로드롬에서 열렸는데, 조 추첨 행사가 끝나고 나서 그 팬은 운동장으로 올라와 축구공을 아무도 없는 골대 근처로 드리블했다. 슛을 했고 공은 크로스바를 넘어서 관중석으로 날아갔다. 나빴던 것은 아무도 그의 공을 돌려주려 하지 않았던 것이다!

3. 심지어 팬이 아닌 사람도 빠져나갈 수는 없었다. 티켓이 부족했기 때문에 새로운 분량이 판매될 때는 잉글랜드에서 1,500만 명이 프랑스의 티켓 판매처로 전화를 했다. 불행하게도 그들 중 대부분이 프랑스로 전화를 걸 때 추가로 눌러야 할 번호를 잊어버려서 결국 사우스엔드에 사는 불쌍한 마리아 피아 브라운에게 연결되었다!

표를 산 사람들은 흥미진진한 경기를 보았다. 챔피언으로 군림하고 있던 브라질은 결승전으로 가는 길에 박차를 가했고, 개최국 프랑스도 마찬가지였다. 브라질은 준결승전에서, 8강전에서 아르헨티나를 침몰시킨 네덜란드에 승리를 거뒀다. 아르헨티나는 그 전 라운드에서, 모든 사람이 본선 경기의 명승부였다고 동의하는 경기에서 승리했다.

아르헨티나 대 잉글랜드 : 빨강, 하양 그리고 매우 우울한 느낌

모든 것을 갖춘 경기였다. 잉글랜드 서포터들에게 끔찍한 결과가 된 것만 제외한다면 어떤 일이 일어났는지 시간 순서대로 살펴보자.

5분
아르헨티나, 파란 유니폼을
입은 선수, 페널티킥으로 골을 넣어
앞서 나간다.

9분
잉글랜드 하얀 유니폼,
또 페널티킥으로 동점.

15분
잉글랜드의 마이클 오언이 멋진 골을 넣었다.
어떻게 했는지 알려 줄 테니 다음번에 해 보자.

* 중앙선에서 패스를 받는다. 달려 나가면서
  오른발 바깥쪽으로 공을 컨트롤한다.

* 따라붙는 수비수를 앞지르고 맞은편에서
  쫓아오는 다른 수비수를 최고의 스피드로
  드리블하며 지나간다.

* 그리고 공을 네트의 위쪽 구석으로
  꽂아 넣는다.

45분
딱 하프타임에
아르헨티나 동점골.

47분
잉글랜드의 데이비드 베컴이 반칙을
당하자 몹시 화를 내며 발길질.
그다음에 심판이 퇴장을 시켜서 다시
화가 났다.

83분
잉글랜드의 솔 캠벨이 골을 넣었으나
반칙 판정을 받아 골로 인정되지 않았다.

120분
아직도 2 대 2, 승부차기로 승부를 결정할 것이다.
아르헨티나가 먼저 찼고 한 번씩 성공한 뒤 다음에는 각각 실패.
아르헨티나가 4 대 3으로 앞서 있을 때 잉글랜드의
데이비드 베티가 공을 차러 앞으로 나왔다.
그의 첫 번째 페널티킥은 어땠을까?

왁자지껄 월드컵 문제

TV 해설자 브라이언 무어가 중계석 옆에 앉아 있는 잉글랜드의 전 국가 대표 케빈 키건에게 던진 질문이다.

키건은 틀렸다. 베티는 실패했고, 잉글랜드는 승부차기에서 4 대 3으로 졌고, 월드컵에서 탈락했고, 우울해졌다.

'어리석은 질문, 어리석은 대답' 상

존 고맨과 마이클 오언. 경기 전에 잉글랜드 감독 존 고맨은 선수들에게 1986년 디에고 마라도나의 악명 높은 '신의 손' 골에 복수하자고 말했다. 그리고 1986년 경기 당시 선수들에게 어디에 있었는지 물었다. "아기 침대에 있었던 것 같은데요, 존." 18세인 마이클 오언이 대답했다. 오언은 농담을 한 것이다. 진담이라면 그는 6세에도 아기 침대에서 잤거나!

환상적인 프랑스!

1998년 최후의 승자는 개최국인 프랑스였다. 프랑스가 결승전으로 가는 길에는 행운이 함께했는데, 2라운드인 16강전에서는 연장전에 골을 넣었으며, 8강전에서는 승부차기로 승리했다. 그리고 두 골씩 넣은 두 명의 스타가 있었다.

4강전에서 프랑스는 크로아티아에 2 대 1로 이겼는데, 두 골 모두 윙백인 릴리앙 튀랑이 넣은 것이었다. 튀랑은 16세 때 무릎에 부상을 입고 의사로부터 다시는 뛸 수 없을 거라는 말을 들었다. 그런데 다시 윙백으로 돌아오다니!

결승전에서 프랑스에 두 골을 안긴 영웅은 미드필드의 사령관 지네딘 지단이었다. 지단은 두 골이나 넣으며 프랑스 팀이 전 대회 챔피언인 브라질을 압도하며 3 대 0으로 승리하도록 이끌었다. 이 경기는 지단에게 컴백의 의미가 있었는데, 이전 경기에서 수비수를 발로 걷어차서 퇴장을 당했기 때문이다.

와글와글 월드컵 상식

지단의 성공은 스포츠 용품 회사인 아디다스에게도 중요했다. 월드컵 대회 전에 그들은 광고를 위해 네 명의 선수에게 많은 돈을 지불했고, 그 선수들이 월드컵 스타가 되어서 아디다스의 이미지를 높여 주기를 기대하고 있었다. 하지만 그중 셋이 퇴장당했다. 남아프리카 공화국과의 경기에서 지단(프랑스) 퇴장, 아르헨티나와의 경기에서 데이비드 베컴(잉글랜드) 퇴장, 벨기에와의 경기에서 패트릭 클라위버르트(네덜란드) 퇴장. 레드카드를 받지 않은 선수는 알레산드로 델 피에로(이탈리아)뿐이었는데, 그는 부상을 당해서 경기에 나갈 수 없었다!

결승전에서 패하는 것은 프랑스 팬들에게 낯익은 풍경이었다. 거인 수비수 로렝 블랑은 골키퍼 파비앙 바르테즈의 대머리에 키스하지 않고서는 어떤 경기도 시작할 준비가 되었다고 느끼지 않았다.

하나의 미신 같은 것이었는데, 16강전에서 파라과이와 싸울 때 효력을 발휘했다. 프랑스가 다음 라운드로 나갈 수 있도록 골든 골을 넣은 사람이 바로 블랑이었다.

하지만 준결승전에 와서 로렝 블랑의 행운은 효력이 다했다. 그는 실랑이 끝에 퇴장당했고, 결승전 출전이 금지되었다.

2002년 브라질 대박!

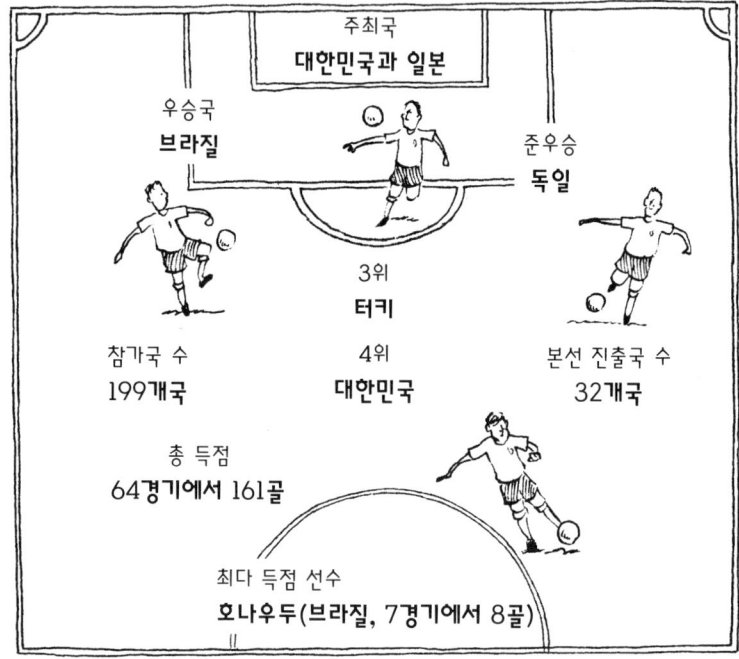

처음으로 월드컵이 두 개의 나라에서 열렸다. 대한민국과 일본. 두 나라는 개최국의 자격으로 우승 타이틀을 갖고 있는 프랑스와 함께 자동으로 본선에 진출했다. 이 말은 본선에 진출할 수 있는 나라가 줄어든다는 뜻이다. 조별 예선이 보통 때보다 더 치열해질 것 같은데…….

억울한 웨일즈

웨일즈 팀은 키예프에서 우크라이나와 1 대 1로 비긴 뒤 그들이 공을 도둑질했다는 혐의를 받고 있다는 것을 알았다. 우크라이나 축구 협회는 웨일즈 팀이 연습 경기에 공을 열두 개

가져가서 여섯 개만 돌려주었다고 주장했다. 게다가 우크라이나는 공항까지 따라가서 웨일즈 팀의 짐을 엑스레이에 통과시켜 살펴보기도 했다!

이상한 전술

나이지리아의 감독 조 본페레는 팀과 함께 훈련장으로 갈 코치를 구하지 못하자 나이지리아의 축구 협회 사무국장인 티치아니 유수프에게 불같이 화를 냈다. 그는 지역 예선전에서 나이지리아가 시에라리온과의 경기에서 이기면 유스프가 사임해야 한다고 말했다. 반대로 팀이 패배한다면 그가 감독에서 물러나겠다고 말했다. 어떻게 되었을까?

나이지리아는 졌다.

본페레는 마음을 바꿔서 머물겠다고 말했다.

유스프는 그를 해임했다.

웸블리의 고민들

잉글랜드와 잉글랜드의 오랜 라이벌 독일은 지역 예선에서 같은 조에 속해 있었는데, 잉글랜드는 1966년 결승전에서 지오프 허스트가 해트트릭을 기록하면서 4 대 2로 이겼던 유명한 승리의 기억을 불러들이고 있었다.

어쨌든 잉글랜드의 감독 케빈 키건은 확실히 그랬다. 키건은 즉시 독일 선수들에게 말했다.

물론 농담으로 한 얘기였지만 으름장을 놓았던 대로 허스트(그때 거의 예순 살이었다!)를 데려오는 것이 좋았을지도 모른다. 유명한 웸블리 스타디움에서의 마지막 경기에서 잉글랜드는 0 대 1로 지고 말았다. 그 뒤 키건은 한마디를 더 남겼다.

짜릿한 월드컵 휴일

제프 허스트는 잉글랜드의 지역 예선 마지막 경기에 나타나지 않았다. 허스트는 케빈에게 뽑히지 않아서 토라진 것이 아니었다. 1966년 잉글랜드 팀이었던 선수들과 함께 호화 크루즈 여객선의 텔레비전으로 경기를 보고 있었다. 그들은 영광스러운 그날의 기억을 다른 승객들과 나누는 것에 대한 답례로 여객선에 무료로 초대받았다.

결국 잉글랜드는 가까스로 2002년 본선에 진출했다. 독일과의 이전 경기에서 제프 허스트의 현대판 스트라이커인 마이클 오언이 세 골을 기록하며 5 대 1로 승리한 덕분에 잉글랜드는 골득실 차로 조 1위로 통과할 수 있었다.

 **'제프 허스트보다 젊은 그리고 누구보다도 젊은 선수' 상**
토고의 술레이만 마맘은 2001년 5월에 월드컵 경기에 참가한 가장 어린 선수가 되었다. 잠비아와의 경기에 출전했을 때 나이가 13세 310일이었다.

이상한 웹마스터

네덜란드 수비수 미하엘 라이치히르는 경기에 나가기 전에 이상한 행동을 했다. 라이치히르는 자신만의 인터넷 웹사이트를 운영하고 있었는데, 지역 예선 통과가 걸려 있는 경기인 네덜란드와 아일랜드의 경기 전, 아일랜드의 유명한 미드필더 로이 킨을 화나게 만들어 퇴장시키는 것이 팀 작전 중의 하나라고 썼다.

그 작전은 쓰이지 않았다. 경기는 2 대 2로 끝났고, 결국 경기장을 떠난 사람은 누구였을까? 바로 라이치히르! 형편없이 경기를 해서 하프타임에 교체되었다.

가미가제 킨

결국 로이 킨은 본선 어느 경기에도 출전하지 않았다. 아일랜드가 예선을 통과하지 못한 것은 아니었다. 통과했다. 하지만 아일랜드 팀이 본선 경기를 위해서 훈련 캠프에 도착했을 때 킨은 불평을 하기 시작했다. 킨은 훈련 캠프의 운동장을 좋아하지 않았으며 시설, 이동 경로, 언론 인터뷰에 쏟는 시간, 무엇보다도 아일랜드의 감독 믹 매커시를 마음에 들어 하지 않았다. 둘은 불같이 다퉜으며 킨은 집으로 보내졌다. 킨 없이도 아일랜드는 꽤 잘했다. 아일랜드는 조별 예선에서 두 경기 만에 다음 라운드 진출을 확정 지었으며, 스페인과의 경기에서만 승부차기에서 패했다.

> **'얼굴을 볼 수 없는 얼굴' 상**
>
> **로이 킨.** 아일랜드의 스타는 수백만 개의 음료수 캔에 얼굴을 싣는 조건으로 레모네이드 제조사인 펩시로부터 이미 많은 돈을 받았다. 그래서 월드컵 기간에 경기장에서는 킨을 볼 수 없었지만, 음료수가 놓인 선반 위에서는 킨의 얼굴을 볼 수 있었다.

집으로 와, 레블뢰

프랑스에게는 끔찍한 대회였다. 1998년 대회 우승팀이었던 프랑스는 세네갈을 상대로 첫 번째 조별 예선 경기를 치렀고, 0 대 1로 졌다. 이렇게 나쁜 결과가 나오게 된 것은 세네갈 팀 선수 대부분이 프랑스 리그에서 뛰고 있었기 때문이다!

프랑스는 다른 두 경기에서도 득점을 하지 못했다. 우루과이와는 0 대 0으로 비기고, 덴마크에게는 0 대 2로 졌다. 지난 대회 챔피언이 2라운드에도 진출하지 못하고 탈락했다. 서포터들은 프랑스 팀 구성에 문제가 있다는 것을 깨달았어야 했다. 본선에 참가하기 전에 치른 마지막 평가전에서 팬들은 '알레 레블뢰(레블뢰는 프랑스 팀의 별명. 파랑이라는 뜻이다.)'라고 쓰인 파란색 스카프를 들고 있었는데 상표를 보니 이탈리아 제품이었다!

잉글랜드, 아르헨티나는 행복해, 그리고 브라질은 우울해

1998년에 그랬던 것처럼 잉글랜드는 아르헨티나와 만났다. 이번에는 조별 경기였다. 잉글랜드는 1 대 0으로 승리를 거둬 1998년의 패배를 되갚아 주었다. 데이비드 베컴은 이번 경기에서는 아주 행복한 선수로 끝을 맺었다. 1998년에는 퇴장당했지만 2002년에는 페널티킥으로 잉글랜드에게 승리를 안겨 주었다.

잉글랜드의 트레버 싱클레어는 문제를 일으키지 않는 마음이 놓이는 선수였는데, 경기가 끝나고 나서 문제가 생겼다. 경기장을 떠날 때 싱클레어는 불행한 아르헨티나 팀이 타고 있는 버스에 오르는 실수를 저질렀다! "좀 조용하다고 생각했어." 싱클레어가 말했다.

잉글랜드는 그리 멀리 가지 못했다. 8강전에서 다시 브라질을 만났다. 하프타임 전까지는 1 대 0으로 앞서 나가다가 결국 1 대 2로 졌다. 브라질 호나우지뉴의 화려한 경기였다.

- 꿈틀거리고 있던 호나우지뉴는 전반전 추가 시간에 비틀비틀 뛰어가서 팀 동료 히바우두에게 패스해 득점을 얻어냈다.
- 후반전 5분, 호나우지뉴가 골대로부터 30m도 넘는 지점에서 찬 로켓 같은 프리킥이 잉글랜드 골키퍼 데이비드 시먼의 머리 위를 넘어서 골이 되었다.
- 7분 뒤, 한 브라질 선수가 퇴장당하는데 바로 호나우지뉴였다.

축구공처럼 통통 튀는 월드컵 말, 말, 말

"전반전이 끝날 무렵 우리가 작은 실수를 해서 상대가 점수를 얻게 해 준 것 같군요." 잉글랜드 감독 스벤 예란 에릭손이 말했다.

'달콤한 냄새가 나는 월드컵 셔츠' 상

잉글랜드의 데이비드 베컴. 두 팀의 경기가 끝난 뒤 브라질의 스타 스트라이커 호나우두는 데이비드 베컴과 셔츠를 교환한 뒤 깜짝 놀라며 기뻐했다. "보통 셔츠는 땀에 젖어서 엄청난 악취가 난다. 하지만 베컴의 셔츠는 향수 냄새만 풍겼다."

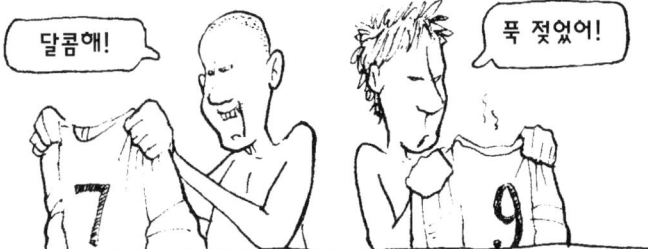

한국이라서 안 돼

공동 개최국 한국은 4강까지 올랐다. 16강에서는 연장전까지 가서 이탈리아를 상대로 2 대 1로 승리했다. 이것은 대한민국 안정환 선수에게는 매우 좋은 소식이기도 하고 나쁜 소식이기도 했다.

좋은 소식: 결승골을 넣어 행복한 안정환 선수였다.

나쁜 소식: 경기가 끝난 뒤 자신이 속한 클럽 회장으로부터 해고 소식을 듣고 행복하지 않은 안정환 선수가 되었다. "나는 이탈리아를 파멸시킨 누군가에게 월급을 줄 생각은 없어!" 회장은 고함을 질렀다. 안정환의 클럽은 바로 이탈리아 리그인 페루자였다!

'절대 만족하지 않는 사람들' 상

프란츠 베켄바워. 월드컵 우승팀 선수이자 2002년 독일팀의 감독. "칸(독일 팀 골키퍼)을 빼고는 누구든지 가방 안에 넣고 막대기로 때릴 수 있다. 누가 맞든지 맞을 만하다." 그런데 이 말을 언제 했냐고? 독일이 대한민국을 물리치고 나서 2002년 월드컵 결승에 올라갔을 때이다!

브라질, 대박

월드컵 역사상 처음으로 브라질과 독일이 결승에서 만났다. 브라질은 다른 면에서도 처음이었는데, 본선 모든 경기에서 승리한 유일한 나라가 되었다는 점이다.

하프타임에 점수는 0 대 0이었다. 후반전이 시작되고 나서 얼마 되지 않았을 때, 독일이 골대를 맞혔다. 브라질이 반격에 나섰다. 미드필더 히바우두가 공을 갖고 멀리서 슛을 시도했다. 이 골은 별 효력 없이 프란츠 베켄바워가 좋아하는 골키퍼 올리버 칸 앞으로 굴러갔다. 칸이 어설프게 공을 잡으려다가 공이 다시 튀어 갔고 브라질 스트라이커 호나우두가 달려들어서 그물 안으로 차 넣었다!

얼마 지나지 않아 호나우두는 또다시 한 골을 넣으면서 골든 슈(본선 경기의 득점이 가장 많은 선수에게 수여하는 상)까지 수상하게 되었다. 이 골이 브라질에게 2 대 0 승리와 다섯 번째 우승 트로피를 안겨 주었다.

'호텔 도우미' 상

잉글랜드의 데이비드 베컴. 월드컵의 흥분이 사라져 갈 무렵 호텔은 데이비드 베컴에게 감사해야 했다. 베컴이 묵은 호텔에 같이 투숙하려고 예약이 넘쳐났기 때문이다.

인기 만점 마스코트

풀레코는 2014년 대형 스타였다. 2018년에는 자비바카의 차례였다.

풀레코는 누구였을까? 그는 경기장 주위를 멋지게 날아다녔을까? 멀리서 멋진 슛을 했을까? 아니다. 축구하는 브라질 사람 아마딜로 풀레코는 2014년 월드컵의 공식 마스코트이다.

2018년에는 러시아의 늑대 자비바카가 마스코트였다. 러시아 사람들에게 호랑이나 고양이보다 많은 선택을 받은 자비바카는 작은 털 뭉치 공이었을 때부터 유명한 축구 선수가 되고 싶어 했던 재미있고 재주 많은 작은 동물이다. 실제 살아 있는 늑대처럼 자비바카도 매력적이고(빨간 모자 이야기의 늑대에게 물어보자) 항상 상대를 존중한다(빨간 모자 이야기의 할머니에게 물어보자!).

게다가 축구 선수처럼 옷을 입고 자세를 잡고 사진 찍는 것을 좋아한다! 트레이드 마크인 스포츠 안경을 낀 모습은 경기가 치러지는 곳 어디에서나 광고가 될 것이다. 이전 월드컵 마스코트들이 그랬듯이……. 마스코트가 처음으로 등장한 것은 몇 년이었을까?

a) 1930년 우루과이
b) 1966년 잉글랜드
c) 1994년 미국

> **답** : b) 최초의 공식 월드컵 마스코트는 화려한 빨간 신발을 신은 영국의 축구하는 사자로, 월드컵 윌리라고 불렸다.

다음 페이지에는 1966년부터 2018년까지 대회의 월드컵 마스코트 그림이 나와 있다. 대회 순서대로 놓여 있지 않으니 개최국과 마스코트를 짝지어 볼까?

1. 잉글랜드, 1966년   2. 멕시코, 1970년
3. 독일, 1974년   4. 아르헨티나, 1978년
5. 스페인, 1982년   6. 멕시코, 1986년
7. 이탈리아, 1990년   8. 미국, 1994년
9. 프랑스, 1998년   10. 대한민국·일본, 2002년
11. 독일, 2006년   12. 남아프리카 공화국, 2010년
13. 브라질, 2014년   14. 러시아, 2018년

답 :

1. j) 1966년 잉글랜드 윌리
2. f) 1970년 멕시코 후아니토
3. a) 1974년 서독 팁 & 탑
4. e) 1978년 아르헨티나 가우치토(가우초는 아르헨티나의 카우보이이다)
5. g) 1982년 스페인 나랑히토(스페인이 오렌지로 유명하기 때문이다)
6. b) 1986년 멕시코 피케(뜨겁고 매운 멕시코 후추인 '피칸테'에서 온 말)
7. d) 1990년 이탈리아 차오
8. h) 1994년 미국 스트라이커
9. c) 1998년 프랑스 푸틱스
10. k) 2002년 한국·일본 아토, 니크, 캐즈
11. m) 2006년 독일 골레(사자)와 필레(말하는 축구!)
12. i) 2010년 남아프리카 공화국 자쿠미
13. l) 2014년 브라질 풀레코
14. n) 2018년 러시아 자비바카(러시아어로 골잡이라는 뜻)

2006년 믿어지지 않아, 이탈리아

2006년 월드컵 개최국을 결정하는 전쟁에서 독일은 득표 수에서 잉글랜드에 앞섰다. 이 말은 잉글랜드는 지역 예선을 치러야만 하고 독일은 하지 않아도 된다는 뜻이다!

침묵은 금이다

이랬다. 잉글랜드는 거의 해냈다(하지만 스코틀랜드, 웨일즈 그리고 북아일랜드는 자리를 놓쳤다). 첫 상대인 오스트리아와의 경기에서 출발이 좋지 않았다. 2 대 0으로 앞서다가 오스트리아에게 두 골을 주어 무승부를 내주고 말았다. 잉글랜드의 골키퍼 데이비드 제임스는 오스트리아의 두 번째 골에서 공을 놓치는 바람에 엄청난 비난을 받았다. 다음 날 대부분의 신문은 골키퍼에게 '재난 제임스'라는 별명을 붙였다. 하지만 어떤 사람은 제임스를 무엇과 비교하기 좋아했는데…… 뭘까?

 a) 고릴라
 b) 당나귀
 c) 앵무새

> **답** : b) 이 부끄러운 신문은 심지어 진짜 당나귀를 패러디하기도 했고, 잉글랜드 감독 스벤 예란 에릭손에게 다음 경기에서는 골키퍼 대신 당나귀를 세우자고 제안하기도 했다.

에릭손은 그렇게 하지는 않았다. 하지만 제임스는 출전하지 못했다. 잉글랜드는 때맞춰 폴란드에 2 대 1로 승리를 거뒀다. 그리고 선수들은 데이비드 제임스가 언론에 다뤄진 방식에 반대하여 텔레비전이나 신문 기자들과 인터뷰를 거절하였고, 골키퍼를 되찾아올 수 있었다.

네 초보의 운명

2006년 월드컵 본선에는 여덟 개 팀이 처음으로 참가했다. 체코, 트리니다드토바고, 세르비아·몬테네그로는 모두 조별 예선에서 탈락했지만, 우크라이나는 이탈리아를 무너뜨리고 4강까지 진출했다. 다른 네 초보는 모두 아프리카 국가였다. 그들은 어떻게 되었을까? 조별 예선을 통과했다. **네? 아니요?**

1. **앙골라.** 검은 임팔라라는 별명을 가지고 있다. 임팔라는 날카로운 뿔을 가지고 있는 우아한 아프리카 영양이다. 그런데 앙골라는 상대 팀에 붙잡혔을까? **네 / 아니요**

2. **가나.** 별명이 검은 별이었는데, 검은 별이라고 불렸던 것은 가나의 국기 한가운데에 별이 있기 때문이다. 그들의 플레이는 뛰어났을까? **네 / 아니요**

3. **코트디부아르(영어로는 아이보리코스트).** 별명은 코끼리! 앞을 가로막는 팀을 모두 납작하게 만들었나? **네 / 아니요**

4. **토고.** 별명은 새매였다. 새매는 매과의 중요한 종류로 작은 새들을 잡아먹는다. 이 말은 토고를 상대로 쉽게 이기는 나라는 없다는 말이다. **네 / 아니요**

답 :

1. **아니요.** 앙골라는 조별 리그 세 경기를 마치고 우아하게 집으로 돌아갔다. 2무 1패.

2. **네.** 가나는 2승을 거두어 조별 리그를 통과하며 기대주로 떠올랐지만 16강에서 브라질을 만나 0 대 3으로 패하고 말았다.

3. **아니요.** 코트디부아르는 1승 2패로 조 3위로 밀려나고 말았다.

4. **아니요.** 토고는 세 경기 모두 패하며 조 꼴찌가 되어 BBC 해설자 레이 스터브스가 2006년 월드컵에서 최악의 농담을 할 수 있게 도와주었다. 토고(TOGO)는 투- 고- 홈(to-go-home! 뜻은 토고는 집으로!).

'한 점도 내주지 않는 것만으로는 부족해' 상

스위스. 한 골도 내주지 않았지만 완전히 지쳐 있었다! 그들은 골 득실 차 4 대 0으로 조별 예선에서 1위였다. 그리고 16강전에서 우크라이나와 0 대 0 무승부를 기록, 승부차기에서 졌을 뿐이다. 스위스 실망이야!

내가 말할 거야. 내가 말할 거야!

지역 예선 동안 침묵 작전을 펼친 잉글랜드 팀은 본선에 진출한 뒤에는 말을 했을까? 글쎄, 이런저런 사람들이 많은 말을 했다. 잉글랜드 팀이 2006년 월드컵 기간에 무슨 말을 했는지 보자.

"우리 팀이 결승에 진출해야 이번 대회가 성공했다고 볼 수 있다. 준결승에 오르는 것으로 만족하는 사람은 아무도 없다."
_잉글랜드의 중앙 수비수, 리오 퍼디난드

2승 1무로 잉글랜드는 조별 예선 1위를 했다. 그리고 16강 전에서 에콰도르에 1 대 0으로 승리를 거둬 8강에 진출함으로써 포르투갈과 경기를 치르게 되었다. 리오는 만족을 느끼고 있을까 아니면 끔찍함을 느끼고 있을까? 잉글랜드의 감독은 확신이 있었다.

"감독으로서의 마지막 날이 아닐 거라고 나는 확실히 믿고 있었습니다. 잘못되지는 않을 겁니다. 우리는 이길 겁니다."_
잉글랜드 감독, 스벤 예란 에릭손

단호한 에릭손은 대회가 끝나면 바로 잉글랜드의 감독을 그만둘 것이라고 말해 왔다. 사실 포르투갈 감독 루이 필리페 스콜라리에게 잉글랜드의 감독을 맡기겠다는 이야기가 나오고 있을 때였다. 스콜라리는 맡지 않을 것이라고 말하고 있었지만! 그날 누가 이길 것인가? 모두 잉글랜드의 스트라이커 웨인 루니가 뭔가 만들어 내리라고 생각하고 있었다.

"나는 심판을 자극하지 않으려고 노력할 것이다."_**잉글랜드 스트라이커, 웨인 루니**

루니는 그렇게 하지 못했다. 경기가 시작되고 한 시간 만에 루니는 포르투갈의 히카르두 카르발류의 반칙에 발끈하여 그의 급소를 발로 밟아 버렸다.

루니는 그것만으로는 화가 풀리지 않는다는 듯이 크리스티아노 호날두를 떠밀었다. 호날두는 심판에게 달려가 루니를 퇴장시켜야 한다고 심판을 설득했다. 심판이 행동을 했다. 유감스럽게도 루니는 퇴장을 당했고, 잉글랜드는 나머지 시간 동안 열 명이 싸워야 했는데…… 잘했다! 경기는 연장전까지 갔고, 0 대 0으로 끝났다. 결국 승부차기로 승패를 가려야 했다.

잉글랜드가 포르투갈을 물리쳤을까? 잉글랜드 팀의 한 선수는 경기 전에 페널티킥에 자신 있다고 말했지만…….

"잉글랜드에는 킥 전문가들이 있어요. 아마 세계 최고일 겁니다. 스티븐 제라드, 프랭크 램파드, 데이비드 베컴. 페널티킥으로 기회를 만들고 싶어요. 문제없습니다." _**잉글랜드 미드필더, 오언 하그리브스**

불행하게도, 스티븐 제라드가 킥을 했지만 들어가지 않았다. 다음으로 프랭크 램파드, 또 놓쳤다. 잉글랜드는 승부차기에서 1 대 3으로 끝나고 말았다. 딱 한 명 승부차기를 성공시킨 사람이 오언 하그리브스였다!

'가장 끔찍한 협박' 상

리카르도. 포르투갈의 골키퍼, 리카르도는 경기 전에 포르투갈이 승부차기에서 이기는 데 도움이 된다면 기꺼이 스트립쇼를 할 것이라고 말하곤 했다! 아마 그것 때문에 잉글랜드의 페널티킥이 들어가지 않았을지도!

이상한 '무엇' 퀴즈

2006년 월드컵에서는 이상한 사건이 꽤 많았다. 자세한 것을 알려면 '무엇'을 다음 중 하나로 바꿔야 한다.

천사의 목소리, 공, 구역질 하는 것, 영어, 편, 헤비급 권투 선수, 최고, 그물, 바지, 스파이더맨 가면, 반바지

1. 잉글랜드의 조 콜이 파라과이와 경기에서 부상을 당했을 때, 심판 로드리게즈는 콜의 **'무엇'**에서 도움을 주지 않았다.
2. 크로아티아 수비수 요시프 시무니치는 경기 전 기자회견에서 **'무엇'**으로 말해서 비난을 받아야 했다.
3. 심판이 내민 옐로카드와 레드카드 수는 **'무엇'**이라고 말할 정도로 많았다.
4. 브라질 스트라이커 호나우두는 **'무엇'**이라고 말할 정도로 몸무게가 늘어서 첫 번째 훈련에 나타났다.
5. 코트디부아르와 경기를 보려고 몰려든 수많은 네덜란드 서포터는 **'무엇'**을 벗어야 경기장에 들어갈 수 있었다.
6. 프랑스와 토고의 경기가 끝나고, 프랑스 스트라이커 앙리 티에리는 토고의 모하메트 케이더와 **'무엇'**을 바꾸었다.
7. 코스타리카와 경기에서 골을 넣은 뒤, 에콰도르의 이반 카비에데스는 그의 머리 위로 **'무엇'**을 잡아당겼다.
8. 전 윔블던 테니스 챔피언 안드레 아가시는 잉글랜드 팀에게 조언을 조금 해 주었다. "좀 더 많이 **'무엇'** 안으로 **'무엇'**을 넣도록 해야 한다고 생각해요."
9. 데이비드 베컴은 그를 **'무엇'**으로 보여 주는 광고에 자신도 모르게 출연했다.
10. 프랑스 주장인 지네딘 지단은 2004년에 은퇴했다. 그는 **'무엇'**을 들은 뒤 다시 선수로 돌아왔다.

답 :

1. **편.** 그 뒤 콜은 교체되어야 했다.
2. **영어.** 팀 관계자들은 그가 크로아티아어로 말하길 원했다. 하지만 호주에서 태어난 시무니치에게는 꽤 힘든 일이었다.
3. **최고.** 옐로카드 307장, 레드카드 28장, 선수들이 받은 카드 수이다. 이 대회 전 최고 기록은 옐로카드 202장(2002년), 레드카드 22장(1998년)이었다.
4. **헤비급 권투 선수.** 호나우두가 저울에 올라서서 몸무게를 재었을 때 94kg으로 헤비급 권투 선수의 최저 몸무게보다 3kg이 더 많이 나갔다. 그래도 그는 월드컵 본선 기간에 세 골을 넣어 월드컵에 출전해서 총 열다섯 골의 기록을 세웠다.
5. **바지.** 그들이 월드컵 공식 후원사가 아닌 회사의 맥주 이름을 바지에 붙이고 있었기 때문이다.
6. **반바지.** 얼마나 짧을까?
7. **스파이더맨 가면.** 아마도 그가 공이 그물 안으로 날아가게 만들곤 했기 때문이겠지.
8. **그물 안으로 공**을 넣으려고 애써야 한다. 비록 그물 안으로 공을 넣지 않으려고 애쓰며 인생 대부분을 보낸 사람에게서 나온 말이긴 하지만!
9. **구역질 하는 것.** 베컴은 잉글랜드와 에콰도르의 경기에서 컨디션이 좋지 않아 구역질을 했다. 음료수 회사 게토레이는 나중에 이 사진을 광고에 이용했는데, 이런 당황스러운 일이 일어나지 않으려면 게토레이사의 음료를 많이 마시는 것이 중요하다는 광고였다.
10. **천사의 목소리.** 프랑스는 지역 예선에서 정말 성적이 좋지 않으며, 지단은 "천사의 목소리가 말하기를 프랑스는 나를 필요로 한다."고 말한 것으로 알려져 있다.

천사 그리고 악마

지네딘 지단이 정말로 천사의 목소리를 들었는지는 모르겠지만 지단이 월드컵 본선에 왔을 때는 확실히 그런 것처럼 경기했다.

지단은 스페인과 16강전에서 골을 기록했으며, 포르투갈과 4강전에서도 페널티킥을 넣어 1 대 0으로 승리를 이끌어, 프랑스를 결승전에 올려놓았다. 드디어 월드컵 네 번째 우승을 노리고 있는 이탈리아를 만났다.

이것은 분명히 국가 대표로서 지단의 마지막 경기가 될 것이다. 그의 경력은 월드컵을 차지하는 천국의 행복으로 끝날 것인가? 지단이 천사 같은 선수에서 악마 같은 반칙 선수로 바뀌지 않았다면 그랬을지도 모르겠다. 이것은 끔찍한 사건의 시간대별 기록표이다.

7분 이탈리아의 마테라치는 반칙을 했고, 지단이 페널티킥을 성공시켜 프랑스가 1 대 0으로 앞서 나간다.

19분 마테라치가 벌충이라도 하듯이 이탈리아의 동점골이 나왔다.

90분 아직도 1 대 1 동점, 연장전이 시작되었다.

110분 마테라치와 지단이 마지막으로 만난다. 지단이 마테라치 옆을 걸어가며 지나치고 있을 때 말 많은 마테라치가 뭔가 고약한 말을 한다. 지단이 걸음을 멈추더니, 뒤로 돌아 걸어가서 이탈리아 선수의 가슴에 박치기를 한다! 지단의 국가 대표 경력은 퇴장으로 끝이 났다.

120분 승부차기. 이탈리아는 지금까지 월드컵 경기에서 세 번의 승부차기를 모두 실패했다. 프랑스는 할 수 있었을까? 아니. 승부차기를 담당하는 한 명이었던 지단이 없었기 때문에 프랑스는 3 대 5로 졌고, 이탈리아에게 네 번째 월드컵 우승을 안겨 주었다.

'2006년 월드컵 최우수 선수' 상

지네딘 지단. 사실이다! 이것은 기자들의 투표로 선정되는 공식적인 상이다. 그럼 어떻게 지단이 상을 받을 수 있었을까? 왜냐하면 결승전이 치러지는 동안 투표가 시작되어 그가 퇴장당하기 전에 끝이 났기 때문이다. 결과는 되돌릴 수 없었고, 얼굴이 빨개진 위원이 레드카드를 받은 지단에게 트로피를 건네야 했다.

2010년 빛나는 스페인

개최국
남아프리카 공화국

우승국
스페인

준우승
네덜란드

참가국 수
204개국

3위
독일

본선 진출국 수
32개국

4위
우루과이

총 득점
64경기에 145골

최다 득점 선수
토마스 뮐러(독일, 6경기에서 5골)

   2010 월드컵 본선은 아프리카 대륙에서는 처음으로 남아프리카 공화국에서 열렸다. 불행하게도 북아일랜드, 스코틀랜드 그리고 웨일즈는 본선 진출에 실패했다. 하지만 잉글랜드는 지역 예선에서 1위를 차지하면서 멋지게 통과했다. 잉글랜드는 남아프리카 공화국에서도 잘할 수 있을까? 잉글랜드의 감독 파비오 카펠로는 그럴 수 있다고 생각했고 이렇게 말했다.
   "나는 우리 팀에게 무한한 신뢰를 갖고 있습니다."
   잉글랜드 서포터들은 파비오가 너무 멋지다고 생각했다. 2009년 12월에 그는 BBC에서 수여하는 '올해의 스포츠 인물' 부문에서 '올해의 감독상'을 수상했다.

슬프게도 그것은 그가 잉글랜드와 함께하면서 받은 유일한 트로피였다. 월드컵에서는 끔찍한 시간을 보냈다. 다음이 그 재미없는 이야기이다.

- 미국과 조별 예선 첫 번째 경기: 골키퍼 로버트 그린은 멀리서 날아온 슛을 손가락 사이로 미끄러뜨리면서 골을 내주고 말았다. 1 대 1 무승부로 끝났다.
- 알제리와 조별 예선 두 번째 경기: 케이프타운에 있는 그린 포인트 경기장에서 경기가 열렸는데, 이 경기장은 오래된 골프 코스 위에 세운 경기장이었다. 사람들은 모두 잉글랜드의 멋진 경기를 기대하고 있었다! 그런 일은 일어나지 않았다. 경기는 0 대 0 무승부로 끝났다. 하지만 알제리는 기뻐했다. 월드컵 경기에서 알제리가 골을 내주지 않은 경기는 그 경기가 처음이었다!

 **'좋은 수비수, 나쁜 예보관' 상**
알제리의 풀백 **마지드 보게헤라**는 이렇게 예상했다. "월드컵에서 강한 팀은 천천히 나아가서 강하게 끝낸다. 잉글랜드에게 그런 일이 일어날 것이라고 생각한다." 그가 틀린 것이 무엇인지 찾으면서 읽어 보자.

- 슬로베니아와 세 번째 조별 예선 경기: 1 대 0으로 승리. 잉글랜드의 골은 저메인 데포가 기록했다. 데포의 어머니에게 감사. 잉글랜드의 스트라이커는 경기 전날 밤 너무 흥분해서 어머니와 핸드폰으로 채팅을 하고 마음을 가라앉히고 나서야 잠이 들 수 있었다.

- 16강전: 1 대 4로 오랜 라이벌 독일에 완패해 탈락했다. 패배를 통해 딱 한 가지 좋은 점이 생겼다. 제프 허스트의 '라인 넘어? 골'(86쪽을 보라) 때문에 독일로부터 불평을 들어오다가 드디어 잉글랜드도 불평거리를 갖게 되었다.

시계를 봐, 심판!
잉글랜드가 1 대 2로 뒤지고 있을 때 미드필더 프랭크 램파드가 찬 대포알 같은 슛이 독일 골대의 크로스바를 맞고 아래로 떨어졌다. 잉글랜드는 엄청나게 기뻐하며 골이라고 주장했지만 심판은 '아니'라고 말했다. 공은 정말 안으로 들어갔을까? 이번에는 정말로 안으로 들어갔다. 텔레비전 리플레이 화면은 공이 골라인 뒤로 튕겨 들어가는 모습을 보여 주었다.

이 끔찍한 결과를 보면서 사람들은 골이 들어가는 순간을 감시하는 카메라와 같이 골라인에 대한 기술적인 부분이 도입되어야 한다고 생각하게 되었다. 2014년 월드컵에서 그 기술이 도입되었다. 골이 들어가는 순간 심판의 시계에서는 즉각 진동이 울리고 골이라는 메시지도 전달된다. 잉글랜드와 독일의 골인지 노골인지에 대한 다툼은 끝이 났을까? 그랬으면 좋겠지만……. 음, 한 가지를 빼고. 2014년 월드컵의 카메라 시스템은 독일의 골콘트롤 주식회사에서 제공했다.

친구 없는 프랑스

프랑스는 잉글랜드보다 더 안 좋은 시간을 보냈다. 그리고 아일랜드인들은 모두 프랑스 팀의 안 좋은 결과가 마땅하다고 생각했다. 왜 그랬을까? 왜냐하면 프랑스와 아일랜드의 플레이오프 경기에서 프랑스가 아일랜드에 승리를 거둔 것이 논란이 되었기 때문이다. 플레이오프 2차 경기에서 아일랜드가 1 대 0으로 승리를 거두어(1차 경기는 프랑스가 1 대 0으로 승리) 1, 2차전 합계 1 대 1 무승부가 되었으므로 연장전을 가지게 되었다. 여기서 다음 사건이 일어난다. 원한다면 다음 게임을 해 보자. 하지만 그 뒤 친구들이 많이 남아 있기를 기대하지 말도록!

- 프랑스 스트라이커 티에리 앙리인 척, 아일랜드 페널티 구역 왼쪽의 눈에 띄지 않는 곳에 서 있는다.
- 이제, 공이 쌩 하고 지나갈 때 왼손을 슬쩍 뻗어 공을 멈춘다!
- 공을 더 확실하게 다루려고 공을 오른발 가까운 곳에 떨어뜨린다.
- 오른발로 공을 잡아 골문 근처에 있는 프랑스 수비수 윌리엄 갈라스가 헤딩할 수 있도록 공을 패스. 이때 공을 잡기 위해 사용하는 것은 오른발.
- '또 하면 안 돼' 하며 양심의 가책을 느끼는 대신에 열광적인 환호 속에서 경기장을 돈다.

프랑스는 남아프리카 공화국에 도착하는 과정에서도 많은 친구들을 잃었지만, 마지막에는 친구들이 더 줄어들었다. 그

'끔찍한 속임수에 대한 변명' 상 #2

티에리 앙리. 1986년 디에고 마라도나와는 다르게 티에리는 적어도 공을 건드렸다고 인정했다(그럴 수밖에 없었다. 수백만 명의 텔레비전 시청자들이 그 행동을 보았다). 하지만 프랑스가 아일랜드를 속임수로 이긴 것이 앙리의 잘못이었나? 오, 아니야, 그것은 심판의 잘못이었어! '심판은 휘슬을 불었어야만 했다.'고 앙리는 말했다.

들은 심지어 서로 좋아하지도 않았다! 이것이 프랑스의 2010년 월드컵 기록이다.

포워드인 니콜라스 아넬카가 레몽 도메네크 감독을 모욕했다는 이유로 대표팀에서 탈락한 뒤 스트라이커는 한 명 줄어들었다.

아넬카를 지지하기 위해 선수들이 파업을 해서 다음 날 훈련에는 스물한 명이 줄어들었다.

프랑스가 조별 예선에서 꼴찌를 하자 도메네크 감독이 사퇴하여 감독이 한 명 줄어들었다.

도메네크 감독은 마음에 남았던 말을 했다. 자서전에서 티에리 앙리의 몸의 어떤 부분에 대해 언급하면서 이기적으로 행동하는 선수들을 맹렬하게 비난했다.

"아넬카, 앙리. 모든 것이 그들의 배꼽 주위를 돌고 있다."

파울의 예언

2010년 월드컵 스타 중 한 명은 여덟 개의 다리를 가지고 있었다. 외계인 축구 선수라고? 아니야, 파울이라는 이름의 영국산 문어로 독일 오버하우젠의 해양생물 수족관에 살고 있었다. 독일의 경기 결과를 예측하는 파울의 능력은 신기했다.

좋아하는 팀의 경기 전에 이 방법을 직접 써 보자. 만약 반려동물로 문어를 기르고 있다면 편리하겠지만 반드시 문어일 필요는 없다. 어떤 반려동물도 가능하다. 강아지, 햄스터, 아니면 거북이도. 파울만큼 영리할지는 아무도 모르는 일이다.

- 적당한 크기의 블록을 두 개 가져와서 두 팀을 대표하는 무언가를 앞쪽에 붙인다(파울의 블록에는 독일 국기와 상대 팀의 국기가 붙어 있었다).

- 반려동물이 가장 좋아하는 먹이를 블록 위에 각각 올려놓는다(파울의 경우에는 홍합이었다. 뼈, 땅콩, 양상추 잎, 아니면 파리들이 필요할지도 모르겠다).
- 다음에는 반려동물이 첫 번째 먹이로 어떤 블록을 고르는지 기다린다(만약 반려동물이 거북이라면 좀 더 많이 기다려야 할 것 같군).
- 반려동물들이 다음 경기의 승자를 예언하는 방법은 블록을 고르는 것이다!

 2010년 월드컵 기간 동안 독일 팀은 일곱 번 경기를 했다. 조별 예선 세 번, 16강 경기, 8강 경기, 준결승(스페인과) 그리고 우루과이와의 3·4위전. 파울은 모든 경기 결과를 정확하게 예측했다! 독일이 준결승에서 스페인에 패할 것이라는 것도 포함해서. 파울은 그 뒤로는 인기 있는 문어가 아니었다. 몇몇 독일 팬들은 파울을 써서 만들 수 있는 맛있는 요리가 무엇인지 신문에 글을 보내기도 했다.
 한편, 파울이 '결승전에서 스페인이 네덜란드를 물리칠 것'이라고 예언하자 마드리드 동물원에서는 파울에게 명예 수족관을 수여하겠다는 제안을 하기도 했다!

2018년에도 이 영리한 동물이 예언을 하게 될까? 슬프게도 아니다. 2년 이상을 사는 문어는 드물다. 파울은 2010년 10월에 두 살 반의 나이로 죽었다. 하지만 파울은 잊히지 않았다. 수족관은 파울을 위한 기념비를 세웠다.

빛나는 스페인

2010년 결승전은 요하네스버그의 사커시티 스타디움에서 열렸다. 운동장은 칼라바시라고 알려진 유명한 아프리카의 호리병 모양처럼 생겼다. 치열한 경기가 끝나고 호리병 같은 월드컵 트로피를 들어 올린 팀은 연장전에서 네덜란드를 1 대 0으로 물리친 스페인이었다.

스페인의 첫 번째 월드컵 우승이었다. 하지만 이것은 스페인이 대회 기간 동안 기록한 첫 번째 월드컵 기록 중 한 가지일 뿐이었다. 깜짝 퀴즈! 스페인이 남긴 첫 번째 기록 여섯 가지는 무엇일까?

1. 스페인은 '무엇'을 한 뒤, 월드컵에서 승리한 첫 번째 팀이었다.
   a) 조별 예선에서 2위
   b) 조별 경기에서 패한 팀을 상대로 결승전에서 승리
   c) 조별 경기 첫 경기에서 패배
2. 월드컵에서 승리하기 위해서는 뛰어난 수비와 공격이 필요하다. 스페인의 기록은 다음 중 어떤 것에 포함될까?
   a) 토너먼트 경기에서 좋은 기록을 유지
   b) 2010년 월드컵에서 치른 모든 경기의 득점이 다르다는 점
   c) 지금까지의 어떤 우승팀보다 더 적은 득점을 기록

3. 스페인은 네덜란드와의 결승전 경기에서 가장 지저분한 경기를 펼쳤다. **참일까, 거짓일까?**

4. 스트라이커인 다비드 비야는 무엇을 한 첫 번째 스페인 선수일까?

    a) 페널티킥을 실축했다.

    b) 퇴장당했다.

    c) 연속해서 골을 넣었다.

5. 스페인을 승리로 이끈 안드레스 이니에스타의 골 또한 결승전에서 기록을 남겼다. 무엇이었을까?

    a) 가장 먼 거리에서 성공시킨 골

    b) 가장 늦은 시간에 나온 골

    c) 헤딩골로 우승

6. 스페인의 사랑스런 골키퍼 이케르 카시야스는 다른 기록으로도 이름을 남겼다. 카시야스는 두 번의 다른 월드컵에서 페널티킥 골을 허용한 최초의 골키퍼가 되었다. 이것은 **참일까, 거짓일까?**

답:

1. c) 스위스에 0 대 1로 패했다. 그 경기 뒤에 스페인의 골키퍼 이케르 카시야스는 골을 허용한 것으로 비난을 받았는데, 혼자만이 아니었다. 함께 비난을 받은 사람은 사라 카르보나라는 여성 리포터였다. 많은 팬들이 사라가 계속 골대 뒤에 있었기 때문에 카시야스가 그녀에게 주의를 빼앗겨 실점했다고 생각했다. 왜 그렇게 생각했을까? 왜냐하면 사라는 카시야스의 여자 친구였기 때문이다.

2. a)와 c) 스페인은 토너먼트 네 경기(16강, 8강, 준결승, 결승)

에서 1 대 0으로 승리했으며, 본선 모든 경기를 통틀어 딱 2점만 내주었다. 하지만 득점도 여덟 골뿐이어서 월드컵 우승팀 중 가장 낮은 득점으로 우승한 기록을 세웠다.

3. **참**. 잉글랜드의 주심 하워드 웹은 스페인에게 옐로카드 다섯 장, 네덜란드에게는 더 많은 열 장의 옐로카드를 주었다(이 중에서 두 장은 수비수 욘 헤이팅아에게 주어져, 그는 경고 누적으로 다시 레드카드를 받고 퇴장당했다).

4. a) 비야는 조별 예선 온두라스와의 경기에서 스페인이 2 대 0으로 승리할 때 두 골을 넣었다. 페널티킥까지 넣어서 해트트릭을 기록할 뻔했으나 뻥 걷어차 버렸다.

5. b) 안드레스 이니에스타는 연장전 26분(전체 경기 시간으로 보면 116분)에 골을 넣었다. 물론 이것은 승부차기로 승부가 결정된 1994년, 2006년의 경기는 무시했을 경우다.

6. **거짓**. 카시야스는 두 번의 다른 월드컵에서 페널티킥을 막아 낸 골키퍼가 되었다. 한 번은 2010년 8강전 경기에서 파라과이를 상대할 때였고, 또 한 번은 2002년 월드컵 16강전에서 아일랜드와 경기할 때였다.

축구공처럼 통통 튀는 월드컵 말, 말, 말

네덜란드 감독 베르트 판 마르베이크에게는 기억할 만한 대회였다. 네덜란드 팀이 결승전까지 진출했다는 사실은 2009년 12월 본선 조 추첨 때보다 그의 생각이 나아졌음을 보여 준다. 그는 일본과 같은 조에 편성된 것을 알고 대표단 중 한 명에게 '일본 감독을 본 적이 있습니까?'라고 물었다. 그와 얘기하던 그 사람, 타케시 오카다가 '내가 바로 일본 감독이오!'라고 대답했다.

부부젤라 합창

2010년 남아프리카 공화국 월드컵에서는 어느 경기에서나 같은 소리를 들을 수 있었다. 트럼펫처럼 생긴 악기에서 나오는 시끄러운 소리가 온 경기장에 울려 퍼졌는데, 바로 '부부젤라'였다. 남아프리카 공화국 축구 팬들은 모두 부부젤라를 가지고 다닌다. 소리가 얼마나 오래 나냐고? 보통은 경기 내내 계속된다.

얼마나 크냐고? 우리가 보통 시끄럽다고 하는 소리와 비교해서 판단할 수 있는데, 아래 중 어느 것일까?

a) 회의에 참석하라고 부르는 소리
b) 화재 경보
c) 야생 동물을 놀라게 만드는 소리

> **답**: a) 부부젤라는 본래 멀리 있는 마을 사람들에게 마을 회의를 알리기 위해서 사용됐다. 달리 말하면 아주 멀리에서도 들을 수 있을 만큼 시끄럽다는 것! 한 제조업자는 부부젤라와 귀마개를 묶음 상품으로 판매하기도 했다.
> 불행하게도 이 악기는 남아프리카 공화국 밖에서는 별 인기가 없었다. 수많은 텔레비전 시청자들이 항의 전화를 하기도 했는데, 군중의 함성 소리도 들을 수 없고, 심지어 경기 해설자의 해설도 들을 수 없었기 때문이다!
> 부부젤라를 사더라도 잉글랜드 경기장에는 가져갈 생각을 하지 않는 것이 좋다. 2010년부터 부부젤라는 웸블리 구장을 포함한 수많은 경기장에서 금지 물건이 되었다.

깜짝 퀴즈 '나이키의 저주'

2010년 대회가 시작되기 전에 스포츠 용품 회사 나이키는 월드컵을 빛낼 것이라고 예상되는 유명 스타가 등장하는 3분짜리 텔레비전 광고를 제작했다. 슬프게도 나이키나 선수들의 생각과는 다른 일이 벌어지고 말았다. 2010년 월드컵에서 행운, 또는 불운의 선수들을 짝지어 보자.

A 파비오 칸나바로
  (이탈리아)
B 디디에 드록바
  (코트디부아르)
C 호나우지뉴
  (브라질)
D 크리스티안 호날두
  (포르투갈)
E 웨인 루니
  (잉글랜드)

1. 본선이 시작되기 전에 팔꿈치 부상을 당했다.
2. 네 경기에서 한 골도 넣지 못했다.
3. 광고가 처음으로 방송되기도 전에 은퇴를 발표했다.
4. 심지어 남아프리카 공화국에 가지도 못했다.
5. 네 경기에서 딱 한 골만 기록했다. 그것도 7 대 0으로 이긴 경기에서.

답:

A-3. 광고가 방송되기도 전에 칸나바로가 2010년 월드컵을 끝으로 은퇴하겠다고 발표했다. 이탈리아 팬들은 경기가 시작되기도 전에 그런 생각을 했다는 것을 용서할 수가 없었다. 이탈리아는 한 경기도 이기지 못하고 조꼴찌로 조별 예선을 끝냈다.

B-1. 드록바는 월드컵 대회 전 친선 경기에서 팔꿈치를 다쳤다. 조별 경기에서는 두 경기 반을 뛰었으며 16강에는 진출하지 못했다.

C-4. 호나우지뉴는 광고도 보고 월드컵 경기도 보았다. 자신의 집 소파에서! 그는 심지어 브라질 국가 대표팀에 선발되지도 못했다. 호나우지뉴 혼자 그런 것이 아니었는데, 잉글랜드의 테오 월콧도 광고에 잠깐 등장은 하지만 월드컵 팀에 선발되지 못했다.

D-5. 호날두는 네 경기에서 한 골만 넣었는데, 포르투갈이 북한에 7 대 0으로 승리할 때 경기가 끝나기 3분 전에 넣은 골이었다. 그들은 16강전에서 스페인에 패했다.

E-2. 네 경기에서 한 골도 넣지 못한 것이 루니의 기록이다. 나이키에게 이 대회는 완전히 재앙이었다. 그들은 결승전에 올라간 네덜란드 팀도 후원했지만, 이럴 수가…… 졌다.

2014년 또다시 독일

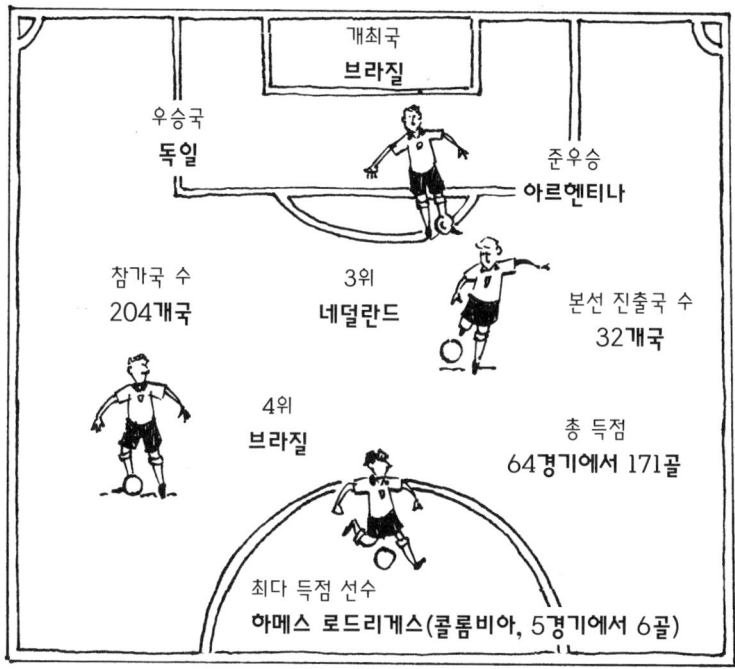

2014년 월드컵 경기는 월드컵 역사상 두 번째로 브라질에서 열렸다. 첫 번째는 잉글랜드가 충격적으로 미국에 패했던 1950년에 열렸다(46쪽을 보면 자세한 이야기를 알 수 있다). 잉글랜드 팀은 다시는 그런 일이 일어나지 않기를 간절하게 바라고 있었다.

잉글랜드는 적어도 브라질로 가는 것은 해냈다. 북아일랜드, 스코틀랜드 그리고 웨일즈는 본선 진출에 실패했다. 그 말은 그들이 처음으로 본선에 진출한 보스니아헤르체고비나만큼도 못했다는 뜻이다.

비록 보스니아헤르체고비나는 조별 리그에서 탈락했지만 분명한 이정표를 하나 세웠다. 그렇게 긴 이름을 가진 나라가 월드컵 본선에 진출한 것은 사상 처음이었으니까! 다행스럽게도 그 팀에는 '드래곤'이라는 별명이 있었다. 그래서 팬들은 90분 동안 '어서 와, 보스니아헤르체고비나'라고 고함치지 않아도 되었다.

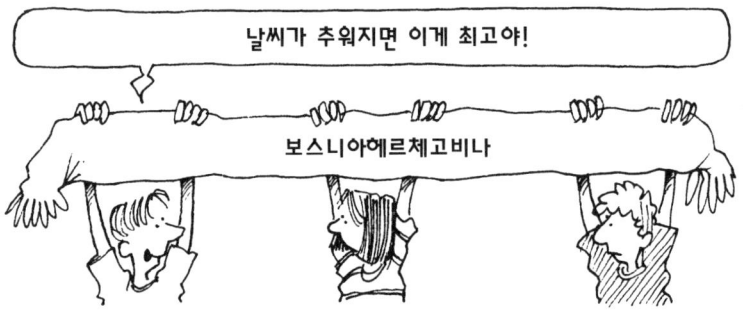

질척거리는 슬로건 퀴즈

이 대회는 팬들이 그 어느 때보다 중요한 역할을 한 대회였다. 예를 들어 각 팀의 슬로건도 대회를 통해 팬들의 온라인 투표로 정해졌고, 32개 팀은 당선된 슬로건이 적힌 버스를 타고 이동했다. 팬들이라면 응모해 볼 만했다. 버스 제조사인 현대자동차는 슬로건이 당선된 사람에게 자동차 한 대를 선물로 주었으니까!

하지만 각 팀을 위한 슬로건은 얼마나 정확했을까? 그것들은 그저 질척거리는 희망 사항에 불과했을까? 아니면 버스 안의 팀이 토너먼트에서 어떻게 승승장구할 것인지 미리 알려 준 것일까? 이 퀴즈에는 조별 리그를 통과하지 못한 8개국을 위한 퀴즈가 있다. 이뤄질 것 같지 않은 희망으로 가득 찬 버스 슬로건을 각각의 나라와 짝지어 보자.

호주	1. 검은 별, 여기 브라질을 비추다.
카메룬	2. 아무도 우리를 따라잡을 수 없다.
잉글랜드	3. 축구 캥거루, 우리의 길이 역사에 남기를 바라며
가나	4. 우리의 마음 한가운데 챔피언의 열정이
이탈리아	5. 과거는 역사, 미래는 승리
포르투갈	6. 피파(FIFA) 월드컵, 완전히 파랗게 꿈을 칠하다.
러시아	7. 사자는 사자를 남긴다.
스페인	8. 하나의 꿈, 수백만의 두근거림

답 :

호주-3. 축구 캥거루는 조별 리그 꼴찌를 향해 펄쩍 뛰었다.

카메룬-7. 사자들은 으르렁거리지 못했고 조 최하위에 머물렀다.

잉글랜드-8. 꿈은 악몽으로 바뀌었다(곧 알게 될 거야).

가나-1. 국기를 따라 별명은 '검은 별', 그 팀은 빛나지 못했다. 조별 리그 경기에서 모조리 패배.

이탈리아-6. 슬로건 일부는 맞는 말, 팀이 우울하다고 느끼는 것만 빼면.

포르투갈-5. 완전히 틀렸다. 과거 2006년에는 4위로 마쳤지만 미래인 2014년에는 어디에도 없다.

러시아-2. 글쎄, 더 빨리 탈락한 팀은 거의 없었으니까.

스페인-4. 그들은 챔피언으로 도착했지만 마음이 뻥 뚫려서 돌아갔다.

수백만의 가슴앓이

잉글랜드는 그들의 슬로건대로 꿈을 꾸었을지도 모르겠다. 하지만 불행하게도 실력은 수백만 명에게 가슴 아픈 기억 말고는 준 것이 없다. 그 수백만 명 중에서 몇몇은 그 버스가 완전히 잘못된 슬로건을 붙이고 돌아다녔다고 생각했다.

와글와글 월드컵 상식

팀은 희망을 가득 품고 새로 감독을 맡은 로이 호지슨과 함께 브라질에 도착했다. 호지슨 감독은 2년 전부터 감독직을 맡아 지역 예선을 성공적으로 통과하며 잉글랜드 팀을 이끌었다.

2014년 브라질 월드컵은 호지슨 감독에게는 감독으로서 두 번째 월드컵이었다. 하지만 잉글랜드 팀에서는 아니었는데, 첫 번째 월드컵은 어느 팀에서였을까?

a) 스웨덴

b) 핀란드

c) 스위스

정답) c) 잉글랜드보다 7년 앞서 스위스에서 감독직을 맡았다. 그 해의 1996년도 월드컵에서 16강에 진출시켰다.

방랑자 로이는 핀란드 팀을 잠깐 맡은 것을 포함해 세계 곳곳에서 감독을 맡았다. 비록 중요한 대회에서 핀란드를 본선에 올려놓지는 못했지만 그 노력에는 감사해야 한다. 2012년 그는 축구에 대한 공로로 **핀란드의 사자기사 훈장**을 받았다. 공식적인 언급으로는 '그가 감독이었던 기간 동안 핀란드 축구의 수준을 올렸다.'고 한다. 얼마나 많이 올렸는지는 아무도 말하지 않았지만!

그리고 로이 호지슨처럼 선수들에게 많은 나라의 언어로 소리를 지를 수 있는 감독은 없을 것이다. 영어, 스웨덴어, 노르웨이어, 독일어, 이탈리아어는 유창하고 덴마크어, 프랑스어 핀란드어까지 알아들을 수 있다(이렇게 많은 언어를 알아들을 수 있다니! 정말 대단하다.)!

2014년에 어느 나라 말을 사용했든지 호지슨 감독은 '잘했어', '대단하군', '훌륭해' 아니면 아주 간단하게 '승리' 같은 단어는 쓸 필요가 없었을 것이다. 잉글랜드의 성적은 최악이었다. 잉글랜드의 조별 리그 세 경기는 이렇게 끝났다.

잉글랜드 대 이탈리아 : 1 대 2 패

이 경기는 브라질 열대우림에 있는 경기장 '아레나 다 아마조니아' 구장에서 열렸는데, 이곳은 빗물을 모아 변기용 물로 사용하곤 했다. 불행하게 잉글랜드도 변기 물과 함께 가 버렸다. 더 나빴던 것은 맨체스터의 전 스트라이커 마리오 발로텔리가 이탈리아의 결승골을 터뜨렸다는 것. 마리오는 화장실에서 불꽃놀이를 하다가 클럽하우스에 불을 내기도 했다!

잉글랜드 대 우루과이 : 1 대 2 패

또다시 잉글랜드는 잘 알고 있는 선수들에게 패배했다. 우루과이의 두 골은 리버풀의 루이스 수아레즈(태클하면서 깨물기를 좋아하는 남자다. 나중에 읽게 될 것이다)가 넣은 것이다. 잉글랜드 선수들, 이런 형편없는 경기를 하는데 숨을 곳이 없었다. 경기는 아레나 데 사오 파울로에서 열렸으며 이 경기장에는 세계에서 가장 큰 전광판이 있었다!

잉글랜드 대 코스타리카 : 무승부

　잉글랜드는 기록을 세웠다! 월드컵 본선 경기에서 열한 번째로 득점 없는 무승부 경기를 펼친 것이다. 다른 어느 나라도 그런 기록은 갖고 있지 않다. 경기는 에스타디오 미네이라오 경기장에서 열렸는데, 이 경기장은 월드컵 경기를 위해 수리를 해서 운동장이 보통 운동장보다 약간 낮게 되어 있었다. 하지만 잉글랜드 선수들에게 충분할 정도는 아니었다. 잉글랜드는 너무나 한심하게 경기했고 쥐구멍에라도 들어가고 싶었을 것이다!

　그저 세 경기를 끝낸 다음 잉글랜드는 집으로 가는 길에 올랐다. 선수들에게 그나마 위로가 되었던 것은 그들 중 한 명은 더 빨리 집으로 갔다는 것.

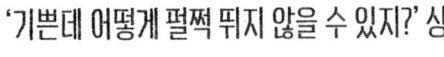
'기쁜데 어떻게 펄쩍 뛰지 않을 수 있지?' 상

잉글랜드의 물리치료사 게리 레윈은 잉글랜드가 이탈리아와 첫 번째 경기에서 골을 넣자 기뻐서 펄쩍펄쩍 뛰다가 물병을 잘못 밟아서 발목이 탈구되었다. 게리는 스스로 확인한 뒤 부상이 빨리 낫지 않겠다고 판단했다. 유감스럽게도 게리는 남은 경기를 빠져야 했다. 나쁜 소식은 그것만이 아니었지만.

상금이 내 용돈?

잉글랜드를 위해서 위로가 될 만한 것이 있다. 음…… 축구 협회 위원들을 위해서인가? 어쨌든. 그들은 조별 리그에서 탈락했지만 잉글랜드는 월드컵 본선에 진출했다는 것만으로도 상금을 받는다. 얼마일까?

a) 80,000달러

b) 800,000달러

c) 8,000,000달러

> **답**: c) 그래, 조별 리그에서 탈락해 집으로 돌아가는 나라에게는 각각 상금으로 8,000,000달러를 주지. 심지어 그들이 멍청이처럼 경기를 했어도! 그러니까 다음에 수퍼마켓에서 월드컵 공식 기념품을 살 때는 얼마 되지도 않는 용돈이 결국 어디에 쓰이게 되는지 기억해 둬야 해!

나머지 팀들은 상금을 어떻게 받는지 보자.

- 16강 팀: 각각 900만 달러
- 8강 팀: 각각 1,400만 달러

- 4위: 2,000만 달러
- 3위: 2,200만 달러
- 준우승: 2,500만 달러
- 우승!: 3,500만 달러

우울한 브라질

경기가 진행되고 개최국인 브라질은 준결승에 올랐다. 브라질 팀이 타고 다니는 버스에는 이런 슬로건이 적혀 있었다. '마음 단단히 먹어! 여섯 번째가 다가오고 있어!' 이것은 브라질이 지금까지 월드컵 우승을 다섯 번 했다는 뜻이다. 슬로건을 지은 사람이 절대 예상할 수 없었던 것은 그들의 4강전 상대인 독일의 팬들도 같은 말을 외칠 수 있다는 사실이었다.

경기 시작 30분 뒤, 독일이 5 대 0으로 앞서고 있었다. 그리고 여섯 번째가 다가왔다. 이어서 일곱 번째 골. 독일은 그 경기에서 7 대 1로 승리했다. 독일은 월드컵 4강전 최고 점수라는 기록을 세웠다.

거인 독일

결승전에서 독일은 아르헨티나와 만났다. 독일 수비수 크리스토프 크라머에게는 좋은 소식이자 나쁜 소식이었다.

좋은 소식: 크라머는 출전할 것이라고 생각하지 않았다. 그는 단지 팀 동료들이 부상으로 힘들어 할 때 교체되어 마지막 몇 분을 뛰는 선수였다.

나쁜 소식: 크라머는 31분만 출전한 뒤 경기장을 떠나야 했다. 머리에 심각한 부상을 입었고, 주심이 그에게 그만 뛸 것을 권했다.

크라머는 90분 뒤 아픔을 잊게 만드는 선물을 받았다. 승리의 메달. 마리오 괴체가 골을 넣어 독일에게 1 대 0 승리를 안겼다.

와글와글 월드컵 상식

2014년은 독일이 월드컵에서 처음으로 우승한 해이다. 1954년, 1974년 그리고 1990년에는 서독과 동독이 통일하기 전이었고 그전까지는 '서독'으로 우승했다.

'2014년에 처음(2014 FIRST)' 퀴즈

2014년 브라질 월드컵에서는 월드컵 사상 처음인 것이 많았다. 다음은 '2014년에 처음'이라는 말로 시작하는 문제들이다. 문제 앞에 나와 있는 것은 2014년에 처음이었던 기록에 관한 숫자나 단어이다. 빈칸에 들어갈 말 또는 질문의 답은 무엇일까?

2. 스페인이 ☐ 전에 경기했던 게임의 수
   a) 득점하기
   b) 탈락하기
   c) 승리하기

0. 개막 축하 행사 연설의 수. 왜 그랬을까?

　　a) 시간을 절약하기 위해서

　　b) 큰 소리로 말하는 사람이 없어서

　　c) 평화를 지키기 위해서

14. 경기장마다 골대 주위에 있는 ☐ 의 수.

　　a) 카메라

　　b) 볼 보이(공 주우러 가는 아이들)

　　c) 광고판

Foam(소멸스프레이). 심판들은 왜 이것을 사용했을까?

　　a) 선을 그리기 위해

　　b) 삼각형을 그리기 위해

　　c) 반원을 그리기 위해

In or Out(골라인). 조별 리그 온두라스와의 경기에서 프랑스는 심판에게 공이 온두라스의 골라인을 넘었다고 항의했고, 결국 득점으로 인정되었다. 심판은 무엇을 했을까?

　　a) 시계를 확인했다.

　　b) 목소리를 들었다.

　　c) 경기장의 전광판을 올려 보았다.

Record(기록). 독일의 스트라이커 미로슬라프 클로제가 세운 기록이다. 무엇일까?

　　a) 열여섯 골 득점

　　b) 코너킥으로 득점

　　c) 네 번의 월드컵에서 득점

Sweltering(급수 휴식). 탈진을 막기 위해서 도입되었다. 만약 기온이 32℃를 넘어가면 심판은 먼저 이것을 했는데, 무엇일까?

a) 잔디 스프링클러를 틀었다.

b) 경기를 중지시켰다.

c) 얼음과자를 요청했다.

Teeth(이). 특별히 우루과이의 루이스 수아레즈를 위해서. 그 전에도 두 번 있었던 일이지만 월드컵에서는 처음이었다. 무엇일까?

a) 상대 선수를 깨물었다.

b) 이가 빠졌다.

c) 이를 악물었다.

답:

2-b) 2경기를 패한 스페인은 조별 리그 통과가 불가능했다. 전 대회 챔피언으로서 가장 빨리 탈락한 기록이다.

O-c) 피파(FIFA) 회장 제프 블래터가 지난 대회에서 연설할 때 야유를 받았다. 처음으로 개막식에서 연설이 없었다.

14-a) 2014년에 처음으로 사용된 것으로, 득점선 판독 시스템을 위해 설치되었다.

F-a)와 c) 프리킥을 할 때 심판은 선수가 서 있을 자리와 공 놓을 자리를 표시하기 위해서 소멸 스프레이를 사용했다. 그것은 '사라지는' 거품으로 선을 표시하고 나면 금방 사라졌다.

I-a) 새로운 득점선 판독 시스템이 사용되었다. 심판은 손목에

차고 있는 특별한 시계로 '골'인지, '노골'인지를 진동으로 전달받았다. 또한 c)도 허용되었는데, 팬들을 위해서 경기장에 설치된 전광판에 공의 움직임을 보여 주었다.

R-a) 독일이 브라질을 7 대 1로 무너뜨린 경기에서 골을 넣으면서 클로제는 월드컵 경기에서 총 열여섯 골을 기록하여 최고 득점자가 되었다. 또 모두 네 번의 월드컵에서 득점을 하였지만, 그 기록은 이미 호나우두와 펠레(둘 다 브라질)가 갖고 있는 기록이었다.

S-b) '급수 휴식'이 처음으로 선보였다. 경기를 시작하고 30분이 지났을 때, 기온이 32°C를 넘을 경우 주심은 경기를 중단하고 선수들이 더위를 식히는 것을 허락했다.

T-a) 우루과이와 이탈리아의 조별 리그 경기에서 수아레즈는 이탈리아 수비수 조지오 키엘리니의 어깨를 깨물었다. 수아레즈는 리그 경기에서도 똑같은 행동을 두 번 했는데, 키엘리니의 어깨가 자신의 입을 쳤다는 수아레즈의 주장은 받아들여지지 않았다. 수아레즈는 국제 경기 9회 출전 금지를 당했다.

2018년 이글거리는 러시아

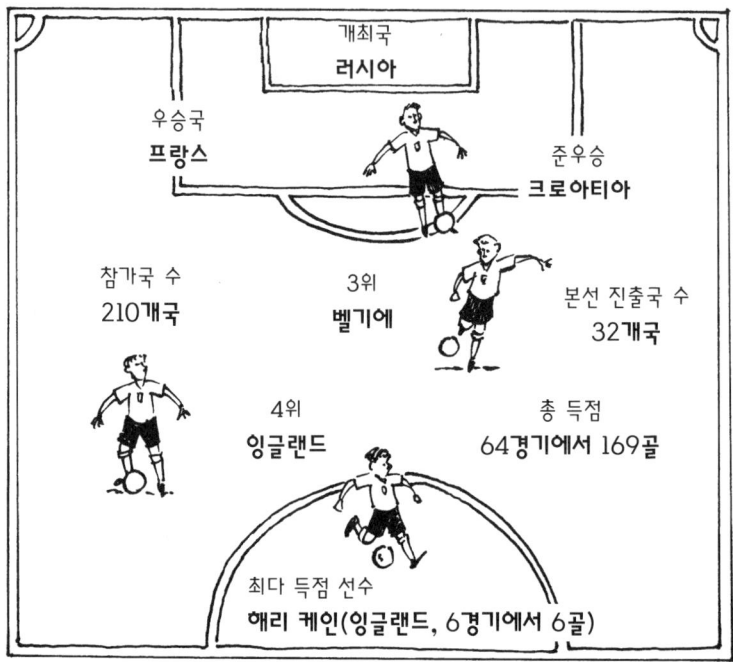

2018년 월드컵은 러시아에서 열렸다. 본선 경기가 동유럽에서 열린 것은 처음이었다.

슬프게도 웨일즈와 북아일랜드는 또다시 지역 예선을 통과하지 못했다. 웨일즈는 지역 예선 통과를 위한 플레이오프까지는 나갈 기회가 있었다. 북아일랜드도 마찬가지였다. 각각 지역 예선 마지막 경기를 이기면 플레이오프에 나갈 수 있었지만…… 두 나라는 서로 경기를 하고 있었다! 북아일랜드는 웨일즈에게 이겼지만 플레이오프에서 스위스에 패하고 말았다.

스코틀랜드도 또다시 통과하지 못했다. 라이벌 잉글랜드 덕분에. 두 나라는 같은 조에 배정되었고, 잉글랜드는 홈에서 3

대 0으로 승리, 햄던파크에서 2 대 2 무승부를 기록했다. 두 팀이 치렀던 그 무승부 경기는 가장 흥미진진한 경기가 되었다. 운동장에서 무엇이 일어났는지 재연해 보자.

1-70분 어슬렁거리면서 하품을 한다. 또는 선생님에게 숙제가 더 있는지 물어본다. 그것이 경기 초반 70분보다는 더 재미있을 것이다.

70분 잉글랜드 골! 잉글랜드 포워드 알렉스 옥슬레이드 체임벌린 역할인 사람은 하품을 멈추고 골을 넣으러 달려간다.

71-86분 또 하품할 시간. 심판 역할인 사람은 시계를 보기 시작하는 게 좋을 것이다.

87분 이럴 수가! 스코틀랜드의 레이 그리피스가 프리킥을 성공시켜 동점이 되었다.

89분 레이 그리피스 역할을 맡은 사람이 바빠지고 있다. 또 다른 프리킥을 성공시켜 스코틀랜드가 2 대 1로 앞서 나간다!

90분 추가 시간이 3분임을 알려 주는 판을 들어 줄 선생님을 데려와야 해.

90+2분 잉글랜드의 해리 케인이 잉글랜드에게 동점골을 안겨 주었어! 스코틀랜드 선수들은 모두 무릎을 꿇으며 울부짖었다. "믿을 수가 없어!"

이것은 잉글랜드가 지역 예선 경기 중 무승부를 기록한 두 경기 중 한 경기였다. 잉글랜드는 나머지 여덟 번의 경기는 모두 승리하여 쉽게 2018년 러시아 월드컵 본선에 진출했다.

2014년 브라질 월드컵과 달리 감독은 전 잉글랜드 수비수 개러스 사우스게이트가 맡게 될 것이다.

> ### 왁자지껄 월드컵 문제
> 잉글랜드는 같은 감독 아래에서 성공적으로 월드컵을 치른 적이 없다. **참일까 거짓일까?**
> **답 : 거짓**(만약 참이라고 했다면, 집중하지 않고 있는 게 틀림없어!). 앨프 램지는 1966년, 1970년 감독이었고, 보비 롭슨은 1982년, 1986년 잉글랜드의 감독이었다.

사우스게이트는 딱 한 경기에서만 감독을 맡았던 샘 앨러다이스의 뒤를 이은 인물이다. 샘 앨러다이스는 어떤 신문 보도 이후에 사임했는데, 신문에서는 '그는 비싼 몸값을 위해 선수 이적에 관한 축구 협회의 규칙을 피해 가는 누군가를 도와주는 사람이다.'라고 주장했다. 슬프게도 샘의 고용주는 이것을 좋지 않게 생각했는데, 고용주는 물론 축구 협회이다! 개러스 사우스게이트는 정규 감독직을 제안받기 전에 네 경기의 임시 감독으로 발을 들였다.

그럼 그가 감독을 맡은 뒤 잉글랜드 팀은 러시아에서 어떻게 될까? 만약 승부차기까지 간다면 잉글랜드 팀은 큰 도움을 기대하지는 않는 게 좋을 것이다. 개러스는 잉글랜드가 유로 2006 결승전에서 독일과 만나 승부차기를 했던 경기 때도 잉글랜드 팀이었다. 승부차기 점수가 5 대 5일 때 사우스게이트는 페널티킥을 차기 위해서 앞으로 나왔다. 그리고 그의 힘없는 슛을 골키퍼가 막아 냈다. 다음 차례, 독일이 성공하여 6 대 5로 승부차기는 끝났다.

그래도 좋은 면이 있다. 잉글랜드가 2018년 러시아 월드컵에서 승부차기까지 간다는 것은, 적어도 2014년보다는 잘해서 조별 리그를 통과하고 16강에 진출한다는 뜻이다!

'엄마가 가장 잘 알지요' 상
개러스 사우스게이트의 엄마. 아들이 찬 힘없는 슛을 독일 골키퍼가 막아 내는 것을 본 그녀는 아들에게 물었다. "세게 차는 게 낫지 않았을까?"

낯익은 얼굴들

2018년 러시아 월드컵 지역 예선을 통과한 나라들은 눈에 익을 것이다. 이 책을 주의해서 읽었다면! 그 목록이 여기 있으니 2018년 월드컵 지역 예선 현장을 함께 보도록 하자. 사실과 나라를 짝지어 보자.

1. 아르헨티나	a) 케인이 상대 팀을 날려 버리기를 바란다.
2. 브라질	b) 지역 예선에서 최고 골득실을 기록!
3. 잉글랜드	c) 팀의 최고 스트라이커가 깨물기 공격은 하지 않을 것이라고 말할 것이다.
4. 프랑스	d) 지역 예선에서 기가 막힌 경기력을 보여 주며 또다시 승리를 거뒀다.
5. 독일	e) 한 번도 빠짐없이 월드컵 본선 참가라는 기록을 유지하며 1년 먼저 지역 예선을 통과했다.
6. 이탈리아	
7. 스페인	f) 지역 예선 슬로건은 온통 메시에 관한 것.
	g) '알레 레블뢰' 7회 연속을 외치는 팬들.
8. 우루과이	h) 그들은 스웨덴 순무를 좋아하지 않는다.

답:

1-f) 아르헨티나 스타 선수 리오넬 메시는 마지막 지역 예선 경기에서 해트트릭을 기록했다.

2-e) 브라질은 이미 2017년 중반에 지역 예선을 통과했다. 월드컵 5회 우승이라는 뜻으로 셔츠 배지에 달린 다섯 개의 별 말고 브라질은 별 하나를 더 달고 싶을 것이다.

3-a) 잉글랜드 토트넘 핫스퍼의 해리 케인이 스타 스트라이커이자 주장이다.

4-g) 프랑스의 별명이 '레블뢰'. 2018년 러시아 월드컵은 프랑스의 일곱 번째 월드컵 본선 연속 진출이 될 것이다. 프랑스는 1994년 이후로 빠짐없이 본선에 진출했다.

5-b) 독일은 지역 예선 열 경기에서 모두 승리했다. 그들은 마흔세 골을 터뜨리고 딱 네 골만 내주어서 유럽 지역 예선 경기에서 골득실 39골이라는 새로운 기록을 세웠다.

6-h) 이탈리아는 플레이오프에서 스웨덴에 패하면서 60년 만에 처음으로 본선 진출에 실패했다.

7-d) 9승 1무가 그들의 지역 예선 성적이다. 스페인은 1993년 이후로 지역 예선 경기에서 패배를 기록한 적이 없다. 총 예순두 번의 경기에서 1패도 없다!

8-c) 스트라이커 루이스 수아레즈는 깨물기 때문에 2014년 브라질 월드컵에서 퇴장당했다.

이상한 월드컵 실수

우주 정거장에 있는 세 명의 우주 비행사가 2018년 러시아 월드컵의 공식 로고를 공개했을 때, 데일리 미러 신문의 웹사이트에는 '국제 우주 경기장에서 발표'라고 잘못 보도했다!

첫 번째인 것들

2018년 러시아 월드컵에는 사상 처음으로 참가 자격이 있는 210개 나라가 모두 참가하였다(이렇게 말하면 '나라'라고 선언하기만 하면 참가할 수 있다고 생각할 것이다. 예를 들어 '8번 나라'로 선언하면 2020년 월드컵 지역 예선에 참가할 수 있다고 말이다. 하지만 그렇게 할 수는 없다. 자격이 있다는 말은 입회비를 내고 축구 협회 피파(FIFA)에 가입한다는 뜻이다).

여섯 나라가 처음으로 참가했다. 어느 나라도 멀리 갈 수 있으리라고 기대되지는 않는다(여러분의 '8번 나라'도 본선에 진출할 것이라고는 기대하지 않을 거야. 그렇지?). 승점을 얻기는 어렵겠지만 참가했다는 그 긴장감을 맘껏 누릴 수는 있다. 결과가 어떨지는 어떻게 알겠는가?

슬프게도 **인도네시아**와 **짐바브웨**는 전혀 나아가지 못했다. 심지어 운동장으로도! 이 두 나라는 예선이 시작되기도 전에 실격되었다. 왜 그럴까?

a) 빚을 져서   b) 신청서 작성 실수
c) 정부가 개입해서

> 답 :
> **인도네시아** –c) 인도네시아 정부가 자신들의 리그에서 클럽을 없애려고 시도했기 때문이다. 축구 협회가 멘체스터 유나이티드와 첼시는 프리미어 리그에서 쫓겨나야 한다고 요구하는 것과 같은 일이다.
> **짐바브웨** –a) 전 감독에게 급료를 지불하지 않았기 때문이다!

따라서 처음으로 출전한 팀은 이렇다:

지브롤터는 지역 예선 경기에서 세 골을 넣고 마흔일곱 골을 잃으면서 모든 경기에서 패했다. 다행스럽게도 감독인 전 골키퍼 제프 우드는 선수들에게 점수를 낮게 유지할 줄 알아야 한다고 가르칠 수 있었다!

부탄도 마찬가지로 지역 예선에서 탈락했다. 하지만 거대한 산 히말라야 가운데 육지로 둘러싸인 이 작은 나라는 월드컵 경기 첫 상대로 만난 섬나라 스리랑카와의 경기를 틀림없이 즐겼을 것이다. 그들은 3 대 1로 승리했고, 스리랑카는 뱃 멀미를 느끼며 떠났다.

남수단과 모리타니아와의 첫 경기에서 무슨 일이 일어났는지는 아무도 믿지 못할 것이다.

정기적인 가뭄에 시달리는 작은 나라의 경기는 10분 만에 중단된다. 비 때문에! 점수는 1 대 1이었다. 다음 날 그 점수에서부터 시작해 경기를 계속하기로 했다. 하지만 더 이상 골이 나오지 않아서 1 대 1로 끝이 났다.

코소보도 역시 2018년 월드컵 본선에서 뛰지는 못할 것이다. 비록 핀란드를 상대로 1 대 1 무승부로 출발하기는 했지만 나머지 조별 경기에서는 모조리 패했다. 그렇지만 선수들 중 한 명에게는 대단한 여정이었다. 코소보가 피파(FIFA)에 가입했기 때문에 노르웨이 대표 발론 베리샤는 가족의 나라인 코소보를 위해서 경기할 수 있었다. 그리고 코소보에 첫 번째 월드컵 골을 안긴 선수도 바로 베리샤였다.

와글와글 월드컵 상식

미얀마(전에는 버마)는 2018년 월드컵 지역 예선 홈경기를 타이에 있는 중립 지역에서 치러야 했다. 그 이유는 2014년 지역 예선 경기에서 미얀마가 뒤지고 있을 때 심판이 경기를 포기할 정도로 여러 가지 물건이 경기장으로 날아들어서 미얀마가 징계를 받았기 때문이다.

드디어 2018년 러시아 월드컵에서 두 나라가 월드컵 본선에 첫 모습을 드러낼 것이다. 파나마와 아이슬란드이다. 두 나라는 찬바람을 일으킬까? 따뜻한 바람을 일으킬까? 아이슬란드는 이미 기록을 하나 세웠다. 지금까지 본선에 진출한 나라 중 가장 작은 나라로, 인구가 35만 명밖에 없다. 잉글랜드는 아이슬란드를 만나고 싶어 하지 않을 것이다. 비록 잉글랜드 인구가 150배이긴 하지만 두 나라가 유로 2016에서 만났을 때 아이슬란드가 2 대 1로 승리했다!

숫자 게임

옛날옛날에 축구팬이 관심을 가졌던 숫자는 1부터 11까지였다. 그 숫자는 선수들 셔츠 등판에 붙여진 숫자이다. 지금은 어디에나 숫자가 있다.

2018 러시아 월드컵 지역 예선 경기에 관한 통계 모음을 보자. 리스트에 있는 각 # 기호를 숫자로 바꿔 보자.

a) # 지역에 걸쳐서 # 번의 지역 예선 경기가 있었다.

b) 지금까지 월드컵에서 총 득점은 #골이다.

c) 호주(오세아니아 지역)는 # 경기에서 # 골로 그룹에서 득점 상위 그룹이었다. 벨기에(유럽)는 평균 한 경기당 # 득점으로 최고의 기록을 가지고 있다.

d) 심판도 역시 바빴다. 총 # 장의 옐로카드와 # 장의 레드카드를 나눠 주느라고.

e) 남아메리카는 가장 더러운 지역이었다. # 번의 경기에서 평균 # 장의 옐로카드가 나왔다.

f) 그래서 # 개국은 이제 본선을 통과하여 # 년 러시아로 향하고 있다. 그들은 모두 큰 희망을 품고 있지만 # 개국은

결코 조별 리그를 통과한 적이 없었다!

답:

a) **6**지역에 걸쳐서 **871**번의 지역 예선 경기가 있었다(아프리카, 아시아, 유럽, 오세아니아, 남아메리카, 그리고 이것저것 막 모아 놓은 것 같은 이름의 북중미, 중앙아메리카와 카리브해 지역).

b) 지금까지 월드컵의 총 득점은 **2,454**골이다.

c) 호주(오세아니아)는 **18**경기에서 **45**골로 득점 상위 그룹이었다. 벨기에(유럽)는 한 경기 평균 **4.3** 득점으로 최고의 기록을 가지고 있다.

d) 심판도 역시 바빴다. 총 **2,965**장의 옐로카드와 **148**장의 레드카드를 나눠 주느라고(만약 선수들이 받은 카드 수만큼 골을 기록했다면 경기는 훨씬 더 재미있었을 텐데!).

e) 남아메리카는 가장 더러운 지역이었다. **90**번의 경기에서 평균 **4.5**장의 옐로카드가 나왔다.

f) 그래서 **32**개국은 이제 본선을 통과하여 **2018**년 러시아로 향하고 있다. 그들은 모두 큰 희망을 품고 있지만 **5**개국은 결코 조별 리그를 통과한 적이 없다(이집트, 아이슬란드, 이란, 파나마, 튀니지).

경기장 둘러보기

2018년 월드컵 경기는 러시아 여기저기 흩어져 있는 열두 개의 경기장에서 열렸다. 거기에 살지 않거나 월드컵이 열릴 때 방문하지 않았다면 다음에 나오는 것을 참고하면 좋을 것이다. 2018 월드컵 경기장을 하나하나 둘러볼 수 있는 재미있는 사실 찾기 여행!

대회의 개막 경기는 6월 14일에 루즈니키 경기장에서 열렸다. 그것은 1956년에 건립되었으며 정기적으로 육상 경기에 사용되었다. 2018 월드컵 때는 러닝 트랙은 제거될 것이고, 관중을 위한 좌석이 더 만들어져서 81,000명을 수용했다.

루즈니키 경기장은 논란이 되었던 1980년 모스크바에서 열린 여름 올림픽 경기의 주경기장이었다. 투창 선수들이 창을 던질 때마다 주최자는 어떤 의심을 받았을까?

a) 빛을 반짝이게 한다.
b) 표지판을 움직인다.
c) 문을 열고 있다.

답 : c) 경기장 끝에 있는 커다란 문을 열었다. 그렇게 해서 창

이 더 멀리 날아가도록 도와주는 뒷바람을 만들었다. 물론 그들은 인정하지 않았다. 하지만, 그 문은 절대 다른 때에는 열려 있는 것 같지 않았다. 수 마일을 날아가는 골킥도 주의!

이제 에카테린부르크 아레나에서 열리는 조별 리그를 보러 러시아에서 네 번째로 큰 도시인 에카테린부르크로 떠나 보자. 적어도 공중에서는 이것을 놓칠 수 없다. 둥그렇게 튀어나온 지붕은 마치 예수의 후광처럼 보인다. 아마 여기서는 천국의 축구 경기를 볼 수 있을 것 같다! 선수들은 운동장이 미끄럽다는 것을 곧 알게 될 것이다. 운동장은 한때 러시아 스피드 스케이팅 챔피언십의 주경기장이었다.

칼리닌그라드 경기장은 조별 리그 경기에만 쓰이는 또 다른 경기장이다. 그것은 옥티야브르스키 섬으로 알려진 지역에 지어졌다. 날씨가 심각하게 바뀌면 어떤 일이 일어나는지 보는 것도 재미있을 것이다. 왜냐하면 그 '섬'은 예전에 늪이었고 홍수도 쉽게 일어났기 때문이다. 많은 선수들이 여기서는 축구화를 고무 장화로 바꿔 신어야 함을 깨닫게 될 것이다!

다음 사란스크 경기장으로 출발하자. 여기서 경기를 보고 싶다면 선글라스를 껴야 한다. 경기장 바깥은 오렌지색, 빨간

색, 그리고 하얀색으로 뒤덮여 있다. 대회가 끝나면 관중석 윗부분은 쇼핑아케이드로 바뀔 것이다. 그러니까 형형색색의 바깥 부분은 손님을 끌어 모으는 데 도움이 될 것 같다. 조별 리그 경기에만 사용되고 있는 네 번째 경기장인 볼보그라드 스타디움도 외관의 아름다움을 놓칠 수 없다. 볼보그라드 스타디움은 아랫부분이 없는 아이스크림 콘 모양으로 디자인되어 있다. 이것이 문제가 될지도 모른다. 볼보그라드는 7월 평균 기온이 30℃인데, 더위에 녹아 버리지 않기를 바랄 뿐!

조별 리그가 끝이 났다. 이제 16강 토너먼트 경기를 펼칠 때이다. 토너먼트 경기가 열리는 새롭게 건설된 로스토프 아레나로 가 보자. 이 경기장은 돈 강의 강둑에 위치하고 있으며, 잔물결 모양의 지붕으로 덮여 있어서 강물의 느낌을 준다. 축구 경기에서 드리블하는 모습도 이렇게 물결처럼 보일 것이다!

빅뱅 시상식

로스토프 아레나. 새로운 경기장을 건설하다가 제2차 세계 대전 때의 포탄을 발견했다. 이것이 발견되지 않았다면 어쩌면 정말로 폭발적인 경기가 되었을지도 모른다!

토너먼트 경기가 열리는 또 다른 경기장은 옷크리티에 아레나이다. 해설자들은 이 경기장이 토너먼트 동안에 스파르타크 스타디움이라고 불리는 걸 알면 기뻐할 것이다. 이곳은 러시아에서 가장 유명한 클럽 중 하나인 모스코우 스파르타크의 홈구장이다. 텔레비전에 등장하는 가장 유명한 선수는 경기장 안이 아니라 스타디움 밖에 있는 한 선수, 바로 축구공 위에 앉아 있는 전설의 검투사 조각상일 것이다. 왜냐하면 '스파르타크'는 그 검투사의 이름, '스파르타쿠스'에서 따온 것이다. 클럽 설립자들은 팀의 강력한 정신을 표현하기 위해 이 고대의 영웅을 선택했다.

와글와글 월드컵 상식

스파르타크 스타디움의 외관은 색깔을 바꿀 수 있다. 스파르타크 팀이 경기하고 있을 때는 색깔이 하양과 빨강으로 바뀐다. 러시아 국가 대표팀의 경기가 있을 때는 러시아 국기 색깔인 하양, 빨강, 어두운 파랑으로 바뀐다.

이제 8강 경기를 할 때이다. 4개의 경기장에서 열릴 것이다(물론이지!). 그중 둘은 망원경을 가진 우주 비행사에게 잘 보이도록 설계되었다. 하지만 그중 하나는……

카찬카 강가에 있는 카잔 아레나는 웸블리 스타디움을 디자인한 사람이 디자인했다. 무엇보다도 그 모양이 수련 같아서 개구리가 착각해서 펄쩍 뛰어오를 정도다!

나머지 경기장, 소치에 있는 피시트 스타디움은 그렇게 좋아 보이지 않는다. 이곳에서는 2014년에 겨울 올림픽이 열렸고 지붕 모양이 가까이 있는 피시트 산봉우리에 눈이 덮인 모양으로 디자인되어 있다. 슬프게도 그 지붕은 피파(FIFA)의 규정과 맞지 않아서 월드컵 기간 중에는 없애야 했다. 지역 팬들은 정말로 화가 났다. 이미 지붕이 없어졌는데, 어떻게 '지붕을 올려라'하고 함성을 지른단 말인가!

8강전이 열리는 다른 두 개의 구장인 니즈니 노브고로드 스타디움과 사마라 아레나의 계획될 때부터 공통점은?

a) 볼가강   b) 크렘린   c) 외부 공간

> 답 : a) 니즈니 노브고로드는 러시아의 거대한 볼가강이 오카라고 불리는 다른 강과 만나는 지점에 위치한 섬 위에 세워졌다.

'가장 지루한 이름' 상

니즈니 노브고로드. 간단히 말하면 '낮은 곳의 새로운 마을'이란 뜻이다. 하지만 이것은 사실이 아니다. 마을은 거의 800년 동안 거기에 있었다!

사마라 아레나도 볼가강에 있는 섬에 세워질 예정이었다. 강은 사마라 지역에 있고, 폭이 2km이다. 그런데 누군가 섬에 사람이 살지 않고 다리도 없다는 것을 지적하자, 계획은 무산되었다! 스타디움은 결국 도시 중심가에 세워졌다.

점점 대회의 클라이맥스에 다가가고 있다. 두 번의 4강전 경기가 있다. 한 경기는 상트 페테르부르크 스타디움에서 열렸다. 여기서는 선수들이 무릎 꿇는 모습을 자주 볼 수도 있다. 긴장했기 때문에? 그럴지도. 하지만 신발 아래 있는 잔디가 움직이기 때문일 것이다. 첨단 기술이 사용되어 경기장은 관중석 아래로 공을 굴릴 수도 있고, 다른 활동에도 사용될 수 있다. 한동안 선수들이 달릴 때 흔들림을 느낀다고 우려하기도 했다.

하지만 가장 중요한 스타디움은 모스크바의 루즈니키 스타디움으로, 개막 경기가 열린 장소이다. 나머지 4강 경기도 여기서 열렸다. 물론 결승전도 여기서 열렸다. '루즈니키'는 '풀밭'이라는 뜻이다. 왜냐하면 아레나가 세워지기 전에 그곳은 풀밭이었기 때문이다. 그리고 풀밭은 축축해지기 쉽다. 이 스타디움이 인공 잔디로 운동장을 만든 것은 그런 이유 때문이

다. 월드컵을 위해서 그들은 인공 잔디를 들어내고 천연 잔디를 다시 깔아야 했다!

우승자를 잡아라

어느 나라가 2018년 러시아 월드컵에서 우승할 것인가? 알아맞히는 데 도움이 될 만한 몇 가지 힌트가 있다.

- 나라 이름이 영어로 8글자로 되어 있는 나라는 우승한 적이 없다(운 없는 콜롬비아, 포르투갈).
- 나라 이름이 5글자보다 적거나 11글자보다 많은 나라는 우승한 적이 없다(잘 가! 이란, 페루 그리고 사우디아라비아. Saudi Arabia의 빈 공간까지 포함한다면!).
- 이름에 H, J, K, O, Q, V, 또는 X가 들어 있는 나라는 우승한 적이 없다(그러니까 크로아티아, 일본, 멕시코, 모로코, 폴란드 또는 한국이 이기는 것에는 걸지 말 것).
- 스무 팀 중에서 열다섯 팀은 5, 6 또는 7글자로 이름이 되어 있다. 만약 서독(WEST GERMANY를 "GERMANY"로 부른다면 스무 팀 중 열여덟 팀으로 올라간다(아하! 잉글랜드(ENGLAND)는 7글자이다. 오, 이럴 수가! 브라질(BRAZIL)은 6글자이다).
- 우승팀은 이름에 모두 글자 A를 가지고 있다(아하, 잉글랜드(ENGLAND)도 A를 가지고 있다. 오, 브라질(BRAZIL)도 마찬가지!).

그렇다면 이렇다. 월드컵 트로피를 위한 전쟁은 잉글랜드와 브라질 사이의 다툼이 될 것이다.

또 그렇다면 좋은 소식이 있는데, 잉글랜드는 전에 브라질을 이기고 월드컵 트로피를 받은 적이 있다는 것! 1997년 7월 11

일, 그것은 런던에 있는 소더비 경매장에서 열린 약간 다른 형태의 대회였다. 익명의 잉글랜드인이 쥘 리메 컵(원래의 월드컵 트로피), 그러니까 잉글랜드가 1966년에 우승했을 때 보비 무어가 들어 올렸던 바로 그 트로피를 얻기 위해 브라질 보험 회사보다 더 높은 가격을 제시했다.

그는 245,000파운드를 지불했다. 그러나 그것의 가치는 100파운드였다.

이유는 그것이 진짜 금으로 만든 원래 트로피가 아니라 잉글랜드에서 대중에게 전시를 할 때 진품이 도둑맞지 않도록 만들어진 모조품이었기 때문이다.

입찰자들은 이것을 알고 있었다. 진짜 쥘 리메 컵은 1970년에 브라질이 영구적으로 보관하게 된 뒤 도둑맞아서 녹아 없어졌다. 그 트로피는 모조품이었으나 이 세상에서 유일한 모조품이었다. 그리고 낙찰자는 그 모조품을 간절히 원했다. 그럴 만큼 월드컵은 인기가 있다는 것이다. 참, 이상하지?

와글와글 월드컵

1판 1쇄 인쇄 | 2019. 11. 28.
1판 1쇄 발행 | 2019. 12. 5.

마이클 콜먼 지음 | 해리 베닝·마이크 필립스 그림 | 김재영 옮김

발행처 김영사 | 발행인 고세규
등록번호 제 406-2003-036호 | 등록일자 1979. 5. 17.
주소 경기도 파주시 문발로 197(우 10881)
전화 마케팅부 031-955-3100 | 편집부 031-955-3113~20 | 팩스 031-955-3111

값은 표지에 있습니다.
ISBN 978-89-349-9867-9 74080
ISBN 978-89-349-9797-9 (세트)

좋은 독자가 좋은 책을 만듭니다. 김영사는 독자 여러분의 의견에 항상 귀 기울이고 있습니다.
독자의견전화 031-955-3139 | 전자우편 book@gimmyoung.com
홈페이지 www.gimmyoungjr.com | 어린이들의 책놀이터 cafe.naver.com/gimmyoungjr

이 도서의 국립중앙도서관 출판시도서목록(CIP)은 서지정보유통지원시스템
홈페이지(http://seoji.nl.go.kr)와 국가자료공동목록시스템(http://www.nl.go.kr/kolisnet)에서
이용하실 수 있습니다. (CIP제어번호 : CIP2019031999)

어린이제품 안전특별법에 의한 표시사항
제품명 도서 제조년월일 2019년 12월 5일 제조사명 김영사 주소 10881 경기도 파주시 문발로 197
전화번호 031-955-3100 제조국명 대한민국 ⚠주의 책 모서리에 찍히거나 책장에 베이지 않게 조심하세요.